©Estacionándome
Patricia Marie Cordero Irizarry
editorialraicespr@gmail.com

Edición y diagramación: Mayra Leticia Ortiz Padua
Editora: Zulma Ramos
Diseño de portada: Astrid Carolina Cordero Irizarry

ISBN: 9798709693869

Colección Crisálida

diciembre 2020

Editorial Raíces P.R.

"Abriendo surcos en la literatura puertorriqueña"

editorial raíces

Estacionándome

Patricia Marie Cordero Irizarry

Para mi familia cercana, los seres queridos que han visto lo mejor y lo peor de mí y aún así, me siguen acompañando en el camino. Gracias por mantenerme en ruta.

Contenido

El miedo de despertar
Paso de ser humano
Autocrítica
¿Respuestas?
Conversando con mi ser y antiser
A sabiendas sin saber
Despiste
Coronado
Finalidad no es
Deciden por ti
Intestino
Hundo
Existo
Sin sonar
Recomenzando
¿Qué será?
Tres de la tarde
La corrida
La pausa
Introspección
Resplandeciente
Pensad
Tengo
Trascendencia
Actúa
Callado
Cerciorándome
La media

Invierno, buscándome

Inquieta
Ya voy
Sol es una

La cima y el mar
Yo+
Dudándome
De nuevo
Vos Es
Sombrillas
Silencio
La prima verdad
Lamento del ayer
Reflexión
Conversatorio
Circulando
Alabanza
Yo me pregunto
Cielo nublado, cielo soleado
Dirección
La flor marchita
Acompáñame
Sujeto
Versos sueltos
Jugando a ser
Hueca
Aleatorio
Viaje astral, viaje real
La visita
Escapatoria
Náufraga
Treintiuno

Primavera, aceptándome

Moral que deja
¿Cómo?
Reflejo

9

Adivinanza

Regalo

El asiento

Soleado

Destinando

En el allá

Profesión

Sorpresa

Vibrante

Equipaje

Acuoso

Intentando

Tenue

Pedazo de paraíso

Puerto de mi ricura

Casa

Creo en ella

Quiero

P.M.R.

Nuevo comando

Papeleo

Soy poeta, poeta soy

Fuerza imparable

Viendo

Oda a la mañana

Tarde o temprano me haya levantado,
agradezco a la vida todo lo brindado.
A la luna, al sol y a las estrellas,
por él y por ellas,
gracias porque aún los tengo,
y a mi isla de donde vengo.
Gracias a la vida,
por hoy y por lo que soy.

Verano, equivocándome

Nocturna

Poesía silenciosa,

poesía callejera,

poesía capaz de todo,

no conocedora de límites.

Poesía que intimida,

es poesía no comprendida.

Una

Luna azul,

luna negra,

lunática es ella.

Del cielo ha caído

como acto de magia,

como producto del fuego,

ceniza lanzada

desde gran altitud.

Ella es divinidad

contenida en moléculas,

enlaces que se cuentan por tres.

Ella es energía fosfatizada,

agua de mar y manantial.

Ella es todo, pero nada a la vez.

De noche se aparece,

aunque no siempre la ves.

Le llaman luna y así responde.

A veces llena y otras, vacía.

Creciente y menguante,

la noche es su fiel amante.

Flamboyanes

Vivo en una estampa
por siempre colorida
y, aunque se queje
la muy adolorida,
cada día
es más brillante.
No se deja apagar.
Es luz
en su mayor amplitud.
¡Esa es su mayor virtud!

El bosque en su mirar

Traté de escaparme
de lo que seguramente
sería una travesía
caóticamente
incomparable.

Huía de su mirada,
pues sin conocerla
anticipaba su profundidad.

Aquellos círculos me perseguían
hasta en la oscuridad.

Ocurrió en una ocasión,
que el destino
nos colocó cara a cara,
y por primera vez
contemplé
el bosque en su mirar.

A partir de ese encuentro
surgieron muchos más
y comenzó la travesía
que tanto quise evitar.

El olor místico de su pensar
era su máximo atrayente
que provocaba
mi regreso continuo.

Nuestro conversar
era más que divino.

La vegetación era densa,
pues la lluvia era constante.

Las estrellas eran fugaces
y el horizonte se veía claro;
miles de hectáreas
pintadas con su bosque,
y una caída de agua
alimentaba su norte.

Con los pies sumergidos en su suelo,
brotaron de allí nuevos anhelos,
que pronto se congelarían,
estáticos como el hielo.

Fueron noches largas

las que me dediqué

a su querer, hasta que

en un amanecer

no me pude reconocer.

Su caminar se nubló

por las noches

que había admirado

el relieve de mi novedoso paisaje.

Con el tiempo

el bosque envejeció,

y sus hojas

se convirtieron en su suelo

y, por eso no dudé

en atravesarlo sin freno.

Nudo

Y de pronto, te vi
y nos vimos.
Y sin saberlo,
nos quisimos.
Tan rápido
y tan seguido;
tan corto,
pero tan divino.
Entre la multitud,
nos distinguimos.
De día,
solo amigos;
de noche,
todo menos enemigos.
Y así contigo,
me entrelacé.
Y ahora te pido
que me sueltes
y me dejes desaparecer,
como las estrellas
que siempre están,
pero no se ven.

Acción

En mis sueños,

encuentro la definición de lo que,

por ahora,

no tiene condición,

se expande bajo presión,

pocas veces muestra compasión.

Aprieta fuerte,

no se queda sin munición,

no mide el tiempo

ni la dirección,

con facilidad me lleva a la perdición,

cuando de frente

me mira con emoción.

Es debilidad sin opresión,

le dicen el maestro de la sensación.

No veo nada,

obliga a quedarme sin observación,

pero pronto siento su respiración.

Es un narcótico sin prevención,

movimiento suave con admiración,

siento que me observa con precaución

para apreciar cada detalle y llevarme a la tentación.

Satisfacción absoluta es su profesión.

Murales

En la profundidad de tu mirada,
se esconde un deseo,
deseo que se traduce en miedo
y entonces ese miedo se torna en un muro.

Un muro inquebrantable en tu pensar,
muro en donde yo acostumbro a estar,
trabajando para lograr su derrumbe,
para que su presencia no te abrume.

El miedo que deseo corromper en ti
alimenta el mío,
y así, al derrumbar tu muro
voy armando el propio.

Muro que cae con facilidad,
se levanta con dificultad.

Te confesaré que hay palabras
cuyos significados me cuestiono,
pero en el tú, como sujeto,
me pierdo y no razono.

Los fonemas que junto para llamarte
le dan vuelta a mi vida cuadriculada,

pero temo que ellos
algún día sean solo recuerdos.

Anhelo extrañarte.

El deseo de que seas tangible
quizás aún persiste,
y eso le abre el paso
a lo que pensé que estaba cerrado.

¿Te deseo y por eso te recuerdo,
o te recuerdo y por eso te deseo,
pero que sería del recuerdo sin el deseo?

Fuimos y vinimos

Vamos a elevarnos rápido como las ilusiones.
Olvidémonos de la realidad.
Hagámosles caso a las visiones.
De lo que imaginemos, no necesitamos razones.

Escapémonos como los ladrones.

Vamos a descender despacio como el anochecer.
Estrellado el horizonte, pero se aproxima su desvanecer.
Quedémonos solo tú y yo, ¿qué más queda por hacer?
De nuestras almas, una fogata, que no llegue su perecer.

Desbordamiento de emociones que al vacío se arrojan.
Una brisa delicada, fría y cortante,
que hiere como el viento tras su paso punzante,
hace nuestro encuentro culminante.
Nuestros deseos se desinflan y cesan de ser flotantes.

Sin sentido

Me encuentro.

¿No me ves?

Estoy parada al frente.

¿No me escuchas?

Estoy gritando muy fuerte.

¿No me hueles?

Estoy estrenando aroma.

¿No me sientes?

Espero mi presencia no te abrume.

Solo resta un sentido,

el cual contigo no tiene sentido.

Me fui.

No más

La estrechez de tu pensamiento
es lamentable.
Juro que a veces no logro
alcanzar tu mirada.
Te noto un tanto perdido, desquiciado,
sin ánimos de hacer nada.
Observo cuán lejos has caminado
 y callo.
Callo porque ya van demasiadas veces
desde la primera vez.
¡Cuántas noches he perdido
tratando de convencerte!
¡Cuántas palabras he gastado
 intentando que me escucharas!
Abandonado ahora te encuentras.
Ese es el camino que has trazado
desde que comenzaste a dudar.
A partir de eso,
no has sabido levantarte.
Ha sido lamentable
presenciar tu desgaste.
Me dueles más de lo que quisiera.

Intolerable

No puedo evitar pensar
en lo feliz que fui a su lado.
Me molesta tener el sentimiento fresco,
sentirme como si el tiempo
no hubiese pasado.
La nostalgia y los recuerdos son recurrentes,
pero hay algo más extraño.
El universo no quiere que olvide
y me lo recuerda todas las noches.
Cada vez que lo hago,
es más y no menos.
No lo tolero.
Intento finalizar
lo que una vez fue,
pero siento que la historia no ha acabado.

Resto

Te detesto.
Contigo no me arresto.
¡Es que no entiendo nada de esto!

De ti surge todo lo funesto.
De tanto ser modesto,
olvidaste ser honesto.

Y ahora eres tú el molesto.
Ahora, muy claro te manifiesto,
que, por ti, ya nada apuesto.

Dejarte

No soy tuya ni de nadie
y nunca lo seré.
Tengo mi propio rumbo,
no necesito dirección.
No soy objeto a tu disposición.
Soy solamente mía.
En este pasaje oportuno,
intenta mirarme sin tocarme.
Estoy solo en lo distante,
rechazo tu cercanía.
No eres suficiente,
mejor te dejo en la lejanía.
Posesivo y compulsivo
de ti aprendí lo obsesivo.
Me despido sin avisarte,
de mi arte quiero apartarte.

Nubes

Pienso que te pienso,

y mientras más te pienso,

más te siento.

Es la distancia una prueba mental

más que física.

Separación externa

que fortalece el sentir.

Entrelazados como los hilos,

enredados como los nudos.

Quiero escribirte.

¡Me resigno!

¡Me resigno!

Fue todo muy indigno.

Alzar el espíritu conlleva sacrificios.

Tiene que llover

para que el río vuelva a crecer.

De punta en punta,

voy despertando mi conciencia.

La razón parece estar molesta.

Los sentimientos, en desacuerdo.

Es la confusión fruto del conjunto.

Veo una sombra en mis tinieblas.

Hay esperanza.

Donde hay sombra, hay luz.

Donde hay luz, hay más.

He aprendido que no tiene sentido

vivir sin sentido.

Lo preciado es el contenido.

Solo tengo que mirar fijamente

para contemplar la grandeza

de lo que he perdido.

Desdobles

Y así, como si nada y como si todo,

dejaste huella en el lodo, como día de lluvia

fijaste tu mirada boscosa y de qué modo.

Fuiste herida que no se curó con yodo.

Tan fugaz y corto fue nuestro periodo,

no tardé y me acostumbré al nuevo acomodo.

Encendido

De una luz, una sombra.

De una sombra, una brisa.

De ahí derechito a tu sonrisa.

Eres como el sol radiante sin parar,

hasta en la noche te veo brillar.

Eres fuerza que no descansa,

explícame cómo no te cansas.

De deslumbrarme con tu alegría,

eres lo que yo nunca tendría.

Nos vemos, pero solo a veces,

cuando el cielo se entristece

y luego tú apareces.

Pareciera ser que no me reclamas,

pero a ti no te debo nada.

Eres lo que necesito,

pero yo no repito.

Eres la nube gris en el horizonte,

que antes no veía,

tus rayos me confundían.

En el momento no comprendía,

tu verdadera identidad.

Eres fuego que quema,

que arde, aunque sea tarde.

Fuiste luz ante mis ojos,

y fuego a mis espaldas.

Como pájaro al amanecer

Traté y no pude consolidar

lo que se escondía detrás de tu mirar.

Por más que intenté persuadir tus intenciones,

no hice más que provocar confusiones.

Traté de pintarte con colores,

pero fueron más fuertes nuestros temores,

miedo a perder lo que con esfuerzo recopilamos.

Extraordinario encuentro y fusión de pasiones

que levitaron nuestros horizontes

haciéndonos creer que no hay tal cosa como la mortalidad.

Extraña conclusión la que establecimos

tras noches largas de intenso placer.

Fueron tus ojos los que me hicieron entender,

que no existe cosa alguna como el retener.

Lo que llega a nuestras vidas,

en algún momento toma vuelo y desaparece al amanecer.

El puente y el mar

Te vi sentado en el puente

con la mirada fija en el mar.

Pensé en acercarme,

pero me detuve al caminar.

No sabía si fuese adecuado

el que nos volviéramos a mirar.

Me equivoqué contigo,

mi perdón debías escuchar.

Aunque creo que ya lo sabías,

más claro no brilla el sol.

Te veías tan a gusto

con tus pies en el agua,

tan en paz y tan tranquilo

sin penas que cargar.

Entonces supe que sería un error

el que volviéramos a hablar.

Una vez nos dijimos todo

y eso dio mucho que pensar.

Nos preguntamos '¿Por qué?'

'¿Por qué tuvo que pasar?'

Era más fácil la vida

sin alguien por quien procurar.

No miraste hacia atrás,

cuando te vi en el puente.

Pudimos haber estado frente a frente,

pero no, no te volteaste.

Te quedaste mirando al mar.

Me duele reconocer

que no te puedo culpar.

Hiciste lo que me dijiste

aquel día que me confesaste,

'Ya no puedo más'.

Pero yo insistí

como niña maleducada, consentida y sin madurar.

Te busqué muchas veces, y aquel día,

que por fin te pude encontrar,

te vi sentando en el puente,

y comprendí que te debía soltar.

Ya tú eras libre, no lo pude evitar.

Del sueño me obligué a despertar,

porque te veías tan feliz

sentado en el puente frente al mar.

Comprensión

Al fin, estoy en paz con él.

Al fin, entendí por qué todo fue.

Pasó tal y como debió ser.

Pasó rápido porque largo fue comprender

que por todo lo malo

siempre hay algo que aprender.

Adentro

Encendida llama

que retumba dentro de mi ser.

Palabras que no se olvidan,

pero se tambalean al amanecer.

Verdades que no logro,

mentiras silenciosas que estallan.

Es el sueño más profundo

el que parece imposible de vencer.

Es el sueño del cual no quiero despertar.

Es como la luz que no ocupa espacio.

Es como el sonido que disminuye con la distancia.

Florece al amanecer,

pero al llegar la noche, vuelve a caer.

Fuerza todopoderosa,

fuerza inquebrantable,

fuerza resistente.

Es fuego que se riega y solo el agua puede vencer.

Caminante que se asusta con las lloviznas del poder.

Hay una silla vacante y es tiempo de reponer.

Suenan las campanas y es hora de responder.

Se acaban los minutos y se levantan los difuntos.

Vuelve el tiempo a retroceder.

Hilos continuos vestidos de pasión,

conexión eterna hacia el interior.

Es un mágico resplandor.

Será la meta o será el camino,

lo que se torna insaciable.

Es el deseo, es el deseo, es el deseo.

El deseo de saber.

Otoño, cuestionándome

Doce días

Grita.

Grita fuerte.

Lo más alto que puedas

para que todos te escuchen.

Ya basta del silencio, del abuso y del sosiego.

Grita.

Grita y advierte.

Lo más lejos que puedas

para que reconozcan tu voz.

Ya basta del enanismo y de la superioridad.

Es tiempo de levantarse,

ponerse de pie y no de rodillas.

Es hora de actuar.

Ya no se obedece, ahora se exige.

Es tiempo de igualdad.

Ya no se duda, ahora se actúa.

Entre nubes y polvo,

con verdades y sin escombros,

desatemos el caos en las calles.

Signo de indignación y de grandes asombros,

¡No más!, gritan en el fondo.

Hoy se vive sin miedo; ya no me escondo.

La permanencia no es viable.

El cambio es inminente.

Hoy no se lamenta.

De ahora en adelante sobrevive lo resistente.

Este es el nuevo presente.

Esta lucha sigue,

es más que evidente.

Mentiro

Tras una luz tenue que se percibe en la piel,
una tierna caricia aviva la esperanza.
Aquel detalle mínimo que presente se hace sentir,
es como si estallara el silencio.

Sigilosa y clandestina, como si la estuviesen persiguiendo.
Son los sentidos los primeros en confundirse.
Parece estar presente, pero al acercarse, desaparece.
Llega por invitación, y al final, nadie la proclama.

Se desplaza con una delicadeza sospechosa, como si supiera.
Fácil su llegada, pero difícil su despedida.
Nos enreda a todos por igual.
La inclusión es su profesión.

Pensaste haberla conocido, y ella te miraba y se reía.
Ella es brava y seductora.
No te permite escapar.
Con el vaivén de su andar, va trazando un nuevo caminar.

Ojo, lector, no te dejes engañar.
En su respiro exhala veneno,
y ella sabe sus defectos utilizar
para a tu lado siempre estar.

La mentira se viste de rojo.

La mentira se viste de vanidad.

¿La mentira? ¿Y por qué la mentira?

Preguntémosle al idioma por qué es femenina.

El cántico

Invasivo cantar que solo sirve para ahogar.
De tanta agua bebida, ya pronto
me evaporo, me desvanezco,
me incorporo a la atmósfera,
me convierto en espíritu.

Levitado sea mi pensar.
Deslíguenme del arduo deseo de profanar.
Ensombrezcan las llamas,
las voces que me incitan
a desnudar el alma,
a revertir la piel que me limita.

Flotación perpetua que se eleva sin esfuerzo.
Dichoso el que no ve,
dichosa la que guía.
Encantadora manera de convencer,
encantadora manera de conquistar,
apropiarse de lo fuerte,
es una terrible debilidad.

La caída del lucero nocturno
invita a participar del ritual habitual,
que resalta el acto de procrear, pero...

¡A L T O!

Es más allá de la carne,
más allá del pecado.
Es lo que sostiene lo mortal,
y a su vez alimenta
el sentimiento de fraternidad.

La necesidad de sentir
por lo que me suelen recitar,
es insuficiente para lo moral.
El deber nos reclama.
Somos sus esclavos
arrodillados ante su pedestal.

De pronto, una caída
desde lo más soberbio,
desde lo más celestial.
Provoca un fuerte grito,
una gran angustia que no logra estallar.

Son las voces,
las múltiples almas dentro de mí
que se encuentran en desacuerdo.
Están sacando sus armas,
afilando cuchillos,
recolectando balas.

Se avecina una guerra.

¡Regrésenme a las alturas,
no merezco esta perdición!

La guerra nunca es la solución,
pero sin derrame sanguíneo,
no habrá paz.

Recuerdo que soy mortal.
Un solo disparo
y será el final.

Rueda

Suben y bajan como seres vivos con propósitos.

Se desata el caos cuando la distancia

se acorta entre ellos.

Ocupan un espacio significativo en la Tierra.

Sobre ella corren y se detienen,

pensando no deberle nada.

Ella los sostiene porque remedio no tiene.

Girando en su andar, se mueven sin pensar.

Asómate por la ventana y te asombrarás.

Los *enrodados* de tu vista se apoderarán.

Llegaron para hacernos olvidar

lo necesario del caminar.

Dar dos pasos y adelantar

en la incertidumbre colectiva

denominada como estar.

Oscuro

Y a veces,

cuando no sé qué decirme,

no me digo nada.

Dentro de la nada,

hay una grandeza copiosa,

un vacío lleno

de oportunidades y novedades.

Suelo preferir el sol,

pero la oscuridad de no saber,

es una intriga que no descansa.

El todo me parece demasiado.

Es un engaño porque no es posible.

Tenerlo todo es imposible,

en cambio, tener nada

es lo más real que conozco.

El miedo de despertar

En la aventura desconocida
que es el despertar,
se avecina una sombra
que provoca cuestionar.

El primer paso
que debemos dar
es lanzarnos con miedo
 y averiguar.
Pero, ¿por qué con miedo?

Con miedo
porque ello es
un precursor de grandeza.
Y frente a ella
debemos afrontar
las incógnitas del despertar

y, aunque la valentía
nos debe siempre acompañar,
ella sola no se sabe guiar.

Tensión,
confusión
y desesperación

son sus seguidoras,

y el miedo

las acomoda

a todas bajo su mandato.

Pero, ¿por qué el miedo?

El miedo es tan potente

como el amor,

nos agarra sin previo aviso,

y por más que se intente,

a veces no nos logramos soltar.

Importa saber diferenciar

el miedo del temor,

aunque son dos pájaros de un mismo volar.

El temor es una barrera irreal

que limita el potencial del pensar;

en cambio, el miedo es producto

de la realidad,

que se antepone a nuestro actuar.

Si algo debemos recordar,

es que con cada despertar

yace un continuo respirar

que no debemos desperdiciar.

Paso de ser humano

En la lucha constante de discernir lo que es correcto,
me detuve a contemplar lo demás.

El viento no espera por nadie.
Se eleva, vuela y alcanza un nuevo rumbo.
La lluvia cae sin temerle a la caída.
El sol se asoma cada mañana para reanudar la vida.
La luna, tras su salida, abre paso a otra maravilla.
El suelo se nutre de sí mismo, haciéndose más fértil.

Es la vida una estrechez continua que no culmina.
Somos una mera parte de ella.
Tras nuestra partida, todo permanece y nada cambia,
el viento, la lluvia,
el sol y la luna,
el suelo con sus limitaciones.
Pero con nuestro paso llega el fuego
capaz de erradicar la belleza del eterno reverdecer,
dejando rastros de nuestro hacer,
para que otros tengan que recoger
el desastre que se llama *ser humano*.
Parece ser que lo correcto no está en nuestro deber.

Autocrítica

Formación en desarrollo
Crecimiento continuo
Pensamiento en movimiento
Moléculas en acción
Sentimientos bajo presión
Errores por vencer
Historias por conocer
Caminantes sin saber
Sapientes decimos ser
Destructores por excelencia
Tolerancia en decadencia
Incitamos la violencia
Racionales por conveniencia
Animales políticos
Dueños de todo lo excesivo
Superiores a todo lo conocido
Capitalistas sin consideración
Consumidores sin limitación
Contaminantes indefinidos
Hasta cuando lo dicte 'lo divino'
Idea extraña la nuestra de persistir,
de sobrevivir a toda costa.

¿Qué has hecho tú para merecer vivir,
más allá de solo existir?

¿Respuestas?

¿Cuánto más podemos dar

cuando ya lo hemos dado todo?

¿Cómo saciar la insatisfacción

cuando no hay nada para comer,

nada para beber?

¿Cómo sentirnos libres

cuando estamos limitados

a un solo cuerpo, a una sola frontera?

¿Cómo revertir el vuelo de los días?

Cuanto más ofrecemos,

menos recibimos,

pero así la conciencia

duerme tranquila.

Me acostumbré

a acostarme con hambre

y a tragarme los momentos difíciles,

la valentía pocas veces desayuna.

Limitada a un solo cuerpo terrestre,

expandí mi universo

con un nuevo vocablo,

con una nueva lengua.

Aunque mi pasado me define,

no me controla.

Comencé a disfrutar el vuelo.

Conversando con mi ser y antiser

Siento que ya no te siento,

que ya no existe el mismo deseo,

que mientras más anhelo, menos retengo.

Me encuentro perdida, con el mapa en la mano.

La ruta está definida, pero no sé tomarla.

No es solo cuestión de caminar.

Es saber cuáles pasos dar.

Es reconocer lo que es necesario,

demostrarle al universo que existo,

demostrarle a la vida que soy,

demostrarle a mi ser que confío.

La perdición más absoluta es la que no se reconoce.

Prefiero no saber y saber que no lo sé,

a pensar que sé cuándo es mentira.

La verdad es lo que todos buscamos.

Falso.

La verdad nadie la quiere,

y por eso voy tras ella,

pero no sé cómo llegar.

Ella se esconde, por eso no la veo.

Pero siempre está ahí ella,

riéndose de mí y de mis miedos.

Vigilante.

Ella es la que me controla.

¿Me permito dominar por ella?

Claro.

En su dominio están todas las respuestas.

¿Respuestas?

¿Cuáles son las preguntas?

Recurro a mi mapa, pero poco útil es.

La verdad es que no sé.

Sé que no sé,

pero siento que ese es el principio.

¿Principio?

¿Principio de qué?

El principio de todo.

¿Y qué es el todo?

El todo es la nada,

la nada es el todo.

Perdición absoluta.

Rescátenme.

¿A quién le hablo?

No hay nadie.Estoy sola.

Siempre lo he estado.

¿Entonces, por qué la sorpresa?

Porque ahora lo sé.

¿Y qué es el saber?

¿Es reconocer o hacer?

No lo sé, pero es el comienzo.

¿Comienzo?

¿Comienzo de qué?

El comienzo ya fue.

Vas en busca de tu final.

El camino es la travesía.

El destino es la verdad.

Cuando la tengas de frente,

sabrás que has llegado,

sabrás que has finalizado,

sabrás que has estado,

sabrás que has sido,

sabrás que has acabado.

Entonces ese será el fin.

A sabiendas sin saber

Entre tanto hacer y deshacer, me deshice.

Me deshice sin saber cómo.

Sin saber cómo, me perdí en los suburbios del conocimiento.

Del conocimiento, me volví esclava.

Esclava no de lo que sé, sino de lo que callo.

De lo que callo, nadie sabe.

Sabe aquel que es libre.

Es libre aquel que sabe,

aunque esclava soy también.

¿Entonces, cómo se es libre y esclava a la vez?

¡Ves, que todo es complicado!

¿Complicado? Complicado es vivir,

pero qué sencillo es respirar.

Despiste

Estoy un poco distraída

haciendo múltiples cosas a la vez,

aunque no logro hacer una del todo bien.

Estoy en medio de una división craneal

tratando de restarle a mis faltas,

sumándole a las cargas.

Intento mantener el enfoque,

pero se nubla mi atención

en medio de la desesperación

por querer hacer más,

aunque a veces me salga mal.

Sueño a mitad del día

con dormir y descansar,

pero por las noches solo logro despertar.

Los días se mezclan,

no los distingo,

martes con sentido de domingo,

sábado que parece jueves,

miércoles que da igual.

Ya me olvido de la hora.

Cada una se repite detrás de la otra.

No recuerdo lo que estaba haciendo.

Empecé en el cuarto.

Ahora estoy comiendo.

De pronto, un baño

y a seguir ejerciendo.

Ya es de noche,

aunque hace poco me levanté.

¿Qué día es hoy?

De pronto, me olvidé.

Al tiempo no le respondo,

pero al calendario quizás sí.

Si tan solo supiera,

cuántos días han pasado.

Coronado

Los días me parecen iguales.

Pasan así porque sí, sin dejar detalles,

sin colores ni alegría.

El sol ya no deslumbra.

Un frenazo a la vida

para evitar una terrible caída.

Distanciamiento obligatorio

parece ser un purgatorio.

Con paciencia y lentitud

el reloj corre, aunque no lo hagas tú.

Pasa el tiempo y cambia la temporada.

Me pierdo de ver las flores moradas.

Mar azul que estás distante de mi visión,

te sueño y te deseo con mucha fuerza y devoción.

Pronto nos reuniremos, pero por lo pronto

prisiones hogareñas

para evitar terribles dolencias.

¡Qué grandeza la que vivimos!

De tanto tener, a contar por individuo.

Solo queda pensar en lo que resultará.

Los días pasarán.

La tierra responderá.

Los mares reposarán.

El aire se refrescará.

Todo mejorará con nuestro aislamiento.

Es el humano el mayor ingenuo.

No hace falta en el paraíso ni en el cielo,

que ocupe su lugar en el infierno.

Finalidad no es

El final se vuelve terrible,
si no es lo que uno espera.
¿Cómo hacer entrar en razón
al pensamiento,
si se ha trasnochado
con tanto sufrimiento?
El corazón reclama lo suyo.
Al borde de la locura,
dice que sabe lo que hace,
pero la mente se arrepiente.
Fue todo muy fugaz.
La noche, breve y corta,
pues amaneció de repente.
Solo resta la idea del progreso
y de no marchar hacia atrás.
Queda enfrentar a los demás
de pie, no de rodillas,
sino con el alma encendida.
Al corazón y a la mente,
una despedida por ahora,
aunque no sea enseguida.

Deciden por ti

¿Qué será aquello que callamos

cuando alrededor nadie puede escucharnos?

¿Por qué recurrimos al silencio

cuando algo nos inquieta y nos molesta?

¿En qué momento aprendimos a resistir

el acto natural de sentir?

¿Por qué nos cohibimos

ante la grandeza de lo desconocido?

No siempre podemos saber.

No siempre podemos controlar.

Suele que la vida su paso consigue apresurar

y decide por nosotros sin consultar.

Se atreve a entrometerse,

a tomar riendas y dar órdenes.

Y nosotros, sumisos como peones,

obedeciendo sin cuestionar,

callados sin opinar.

Eso es lo que hemos sido.

¿O es que nunca lo hemos reconocido?

El que calla, otorga.

Es lo que se ha dicho.

Y de su destino no puede quejarse,

aquel que su voz no levante.

Intestino

Dolor tan espantoso que creí haber perdido,

pero, a fin de cuentas

nos volvimos a enfrentar al final del camino.

¡Cómo bien recuerda haberme herido!

No titubeó en volver

a mostrar sus garras, sus colmillos.

Pensé en entregarme

tal y como en el pasado me había sometido.

¿Qué nos muestra el dolor,

si no es a estar vivos?

Parece ser que más fuerte soy

porque no lo sentí igual.

Fue menos intenso lo sucedido.

¿Dolerme? No llegó ni a tibio.

¿Sería que a este dolor lo he vencido?

¿Así es como se siente el alivio?

Hundo

Profundo y rotundo
como mar dando tumbo,
me fui sin determinado rumbo.
Al parecer nado y me hundo.
Como queso derretido, me fundo.
Me difundo, pero no abundo.
Soy extraño, no soy oriundo.

Existo

Solo me limito a existir.

No tengo por qué fingir.

Me levanto y me acuesto

sin nada que exigir.

¿Para qué forjar un porvenir,

si me va a privar del presente vivir?

Sin sonar

El silencio que no molesta
es el silencio con su propuesta
de acaparar un espacio
con ternura, sin prisa y despacio.

Recomenzando

Aterrador comienzo que se avecina.

Ya se ve más claro, ya se encuentra más cerca.

Terrible la circunstancia

con la cual me topaba con frecuencia.

Caso perdido, por no haber sido precavido.

Ahora toca enfrentar y levantar

muros nuevos para evitar

que de nuevo ocurra

lo que se me presentó y se me descuidó.

A pesar de lo ocurrido,

no temo a lo desconocido.

No lo prefiero,

pero nada se aprende sabiendo.

De mis penas voy padeciendo.

Las cargo, pero pronto las dejaré ir.

No se puede empezar

sin algo ir dejando,

sin uno mismo irse alejando.

Ya es tarde para reprocharse.

¡Qué más da, si lo que hago es equivocarme!

Por ahí voy de nuevo

a comenzar sin querer empezar.

Ni modo, aquí estoy,

aceptándome tal como soy.

¿Qué será?

Tengo el presentimiento

de que todo lo que he aprendido

resultó no ser cierto.

Tengo un enfrentamiento

que no descansa ni los domingos.

Son mis ideales los que se pelean.

Tengo el arrepentimiento

de no haber sido como quise,

de haberme sometido a directrices.

Tengo un sentimiento

que no sé explicar

ni con números ni con hechos.

Tengo un no sé qué

mezclado con un por allá,

que lo confundo con un por aquí,

pero que ni el saludo me da.

Entonces me levanto, camino y ando.

Estoy en continuo movimiento,

pero siento que me estanco,

siento que me retengo.

Estoy en un prolongado distanciamiento

a ver si en el silencio

me encuentro y me mantengo.

Cuando muchas dudas tengo,

busco a mi otra parte corriendo,

aquella que dice ser racional,

aquella que no se abate con el temporal.

No sé si soy débil o si estoy mal.

La fortaleza, ¿con qué se mide?

Eso nadie me lo responderá.

Acaso es que no hay respuesta

o será que a escucharla

no estoy dispuesta.

Tres de la tarde

Tiempo al tiempo,

como si existiese tal cosa.

Artefacto que dicta mi estadía.

Lo llevo en mi muñeca todo el día

para saber cuánto queda,

para saber cuánto falta.

Horas que fueron minutos,

minutos que fueron segundos.

Pasado presente en el futuro,

futuro presente en el pasado.

Cada vez que me percato de mi artefacto,

puedo ver cómo la vida se va volando.

Corriendo más lejos con cada paso,

por ahí se me va la vida en un respiro.

Rutina perpetua,

que prevalece con el rayo divino.

Más de lo mismo de ayer,

más de lo mismo de antier.

Solo que lo de ayer será lo de hoy,

lo de hoy quedará atrapado en el ayer.

Hora de consultar mi muñeca.

¡Vaya, ya estoy en el futuro!

¿O es este el presente?

Siento que me pierdo,

siento que me ahogo,

siento que no existo,

siento que me resisto.

Me rehúso a creer en el tiempo

porque el tiempo no es nada,

pero el tiempo lo es todo.

La corrida

Deslizo mi bolígrafo por las páginas en blanco
intentando ordenar la entropía, que por naturaleza
S O B R E S A L E.
Desequilibrio mental de tanto analizar
la simpleza de abrir los ojos y levantar el ánimo.
Libremente dejo correr la tinta,
es mi mano un ser autónomo.
No tengo control sobre lo que formula.
No hay ecuación alguna, que calcule
con certeza lo que mis neuronas entrelazan.
Lo que veo no es lo que siento.
Lo que veo es parte de mi duelo.
Con los pies anclados en el suelo,
entierro mis miedos, pero son semillas
que florecen, y es una cosecha indeseable.
Como plaga, se riegan y se acumulan en el fondo
hasta que salga el sol.
Es la mañana la incógnita perfecta.
La verdad es que todo es mentira.
Estoy bien es siempre mi respuesta,
pero en mi interior es todo mal lo que siento,
así que lo escondo y miento.
Nadando en mis temores,
terminé ahogándome en mis dolores.
Cosas que no dije, de ellas soy dueña.

De las que me libré, soy esclava.

Insuficiente es mi labor ante tanta desgracia.

Nuestra casa, prendida en llamas.

Candente es el desierto que nos espera

porque todo lo helado se descongela.

¡Cómo sentirme contenta con tanta indiferencia!

Ahora es mi alma la que se quema.

Se derriten mis pupilas con tan poca eficiencia.

Es la vida una lucha clandestina.

De las leyes que me libre Dios, Picasso, Poseidón,

Aristóteles, Superman o Héctor Lavoe

o quien sea que la historia desee recordar.

Vencedores siempre, de perdedores no se ha escrito nada.

Las letras son mi terapia.

La pausa

¿Qué tal si nos detenemos?

Olvidémonos del tiempo.

Da igual, tal cosa no existe.

Abramos paso al ahora, al momento.

¿Qué tal si es mentira

ese deseo insaciable de seguir

cuando lo necesario es parar?

Parar, poner un alto,

parar, brincar y dar el salto.

¿Qué tal si escuchamos?

¿Qué tal si no hablamos?

Decimos qué largo camino hay por recorrer

y nos aferramos a él

caminando con la mirada fija.

Fija en el destino, en el desenlace, en el fin.

Démonos cuenta de que el final ya lo sabemos,

de ese no podemos escapar.

Entonces, ¿por qué tanta prisa por llegar,

si de lo que se trata es de caminar?

Introspección

Darse cuenta de todo lo que hemos tenido,

de lo felices que debimos haber sido,

en cada instante y con cada semblante,

¡cuánto debimos haber agradecido

a la vida, por todo lo ofrecido!

Es como estar al borde de un precipicio.

Con el viento, el pasado retumba en los oídos.

¿Y qué es lo que recordamos?

¿Algún momento en particular

o será un lugar, quizás una persona,

a lo mejor un sentimiento o emoción?

¿Podría ser una idea, algún resultante de la razón?

Seguro es que al futuro no miramos

porque a él pronto nos enfrentaremos.

Tan solo con dar un salto o quizás, con un paso,

el presente dejaría de ser una agonía.

Sería un instante de lo pasado,

que procede de manera apresurada

para acercarse al destino

del cual sentimos no poder escapar.

Pero, ¿qué es lo que miramos cuando vamos hacia atrás?

¿Qué recordamos?

¿A quién vemos?

¿Te ves a ti o me veo a mí?

¿Con quién y dónde estamos?

¿Será que nos dedicamos a algo?

¿Por qué recordamos algo en particular

sin elegir hora, espacio o lugar?

¿Cuándo miramos hacia adentro,

acaso es diferente a mirar hacia atrás?

¿Somos lo que fuimos o quiénes seremos?

¿Entonces, somos?

Entre haber sido y haber estado,

usando gríngolas para enfocar solo un lado.

¿Qué estamos pretendiendo?

¿Acaso no es suficiente lo que tenemos?

Démonos cuenta de lo que hemos tenido.

¿Acaso no ha sido suficiente estar vivo?

Resplandeciente

Y entonces, cuando decidí irme,
intenté regresar de aquella
ilusión novedosa que se
convertiría en mi futuro.

Intenté volver
a mi miedo inicial, pero
ya había elevado mi vuelo
en lo más alto de mi pensar.

Quise retroceder mis pasos,
contar hacia atrás,
volver al inicio,
sentir de nuevo el tiempo pasar.

No supe en qué estaba pensando
y me arriesgué a desmantelar
la ecuación detrás de mis cálculos,
y así aprendí a navegar
una marea desconocida.

De pronto, detuve mi andar,
alcé mi mirada y descubrí,
que tras la cobertura nocturna
hay un brillo perpetuo que no descansa.

De ese brillo resplandeciente
se compone el universo.

Yo soy parte del universo.

Pensad

Tan sabio es el que habla
como el que calla.
La acción es palabra, pero
la palabra también es acción.
No juzguemos por decisión,
juzguemos con razón.

Tengo

Tan arriba y tan abajo,
tan segura y tan dudosa,
como la tormenta,
inoportuna.
Encerrada en su fortuna,
extrañando el amanecer,
soñando con no tener
más de lo que tuve,
más de lo que rechacé.
Soy solamente una.
Somos dos si cuento la luna.
Sonriendo sin saber,
aprendiendo sin retener,
obligada por mi ser
a tratar de no perder
lo que nunca logré tener.

Trascendencia

Es la vida una deriva sin fin,

la vida no tiene destino.

Si lo tuviera, ese fuera la muerte

y la muerte no es el destino final.

Es una transformación de la eternidad.

El fin no existe, lo que existen son los ciclos.

Es mi cuerpo lo único pasajero,

por eso se deteriora con las épocas.

El tiempo no es instrumento de medición.

En cambio, mis ideas sí lo son,

permanecerán junto a mi ser.

El transcurso de mi existencia es incalculable,

que el Gran Iluminador Terrestre dicte lo contrario.

Por el momento, mi existencia es perpetua.

Mientras el universo continúe viviente,

mi fuego se mantendrá ardiente.

Actúa

La vida no espera.

La vida sigue.

No se detiene con tu pesar.

No se alegra de tu levantar.

Mas si uno no la oyera,

mas si uno no la persiguiera,

la vida de ti se despide,

la vida de ti se olvida.

Callado

El silencio es mi más fiel compañía.

En el silencio, logro escucharme,

de ese modo puedo enterarme

de las profundidades que guardo adentro,

en el fondo, donde nadie ha estado.

Es una inmensidad incomparable.

El escuchar ni un solo ruido,

solo mi respiración

que emite un bajo sonido.

Se respira mejor

cuando se respira en silencio.

Se respira con comodidad,

en paz y en tranquilidad,

como si todo estuviera en pausa,

como si no existiera la prisa.

En silencio estoy

y pienso permanecer allí.

Es luz para mi ojo.

Es alimento para mi espíritu.

Es encendedor del alma.

Es una voz que a mi interior llama.

Siento la brisa e incita mi calma.

Hoy le doy paso a la algarabía.

Que corra lejos y se aleje de mí.

Cerciorándome

¡Ojalá que dentro de todo lo que pueda ser,
sea lo que necesite ser!

Sin ser sincera,
el camino se torna estrecho,
corto y lleno de lamentos.

No pienso ser
lo que se supone,
pero sí lo que me propongo.

La estrechez de lo real
es símbolo puesto en el gran altar.

¡Ilumíname, fuerza celestial!,
a lograr ser, y si es que existe el progresar,
que no sea ello solo una mera palabra.

¡Oh, fuerza divina posada sobre mí!
Hazte cargo de mi porvenir,
que si por algo tuve que sufrir
fue por vencer lo silenciado.

¡Oh, sagrado piso que me viste florecer,
solo intento escuchar mi propio ser!

La media

No soy mitad de lo que fui.

¿Será que ahora estoy completa?

Invierno, buscándome

Inquieta

Me cuestiono.

Reflexiono.

Se avecina el abandono.

Le extiendo mi pensar a lo que desconozco.

Adelanto mi renacer.

De este nuevo cumplimiento partiré

hacia la vereda más sombría y húmeda del bosque.

No me esperes porque no volveré.

Cambiaré por completo mi forma de ser.

¿No has notado este nuevo parecer?

Quieta ya no estaré.

Te traigo un nuevo proponer.

Ya voy

Veo mi reflejo y no me reconozco,
aunque nunca me he visto,
y eso me confunde.

¿Si no me he visto, por qué no me reconozco?
¿Será mi rostro una falsedad?
¿Será que todos ven lo que yo jamás seré?

Y entonces, ¿qué y quién soy?
Mejor dicho, ¿qué es lo que se percibe de mí?
¿Seré solo una imagen o provocaré emoción?

¡Cómo saber lo que soy, con tan poco!
Ínfimo es lo que conozco de mí.
Quiero imaginar que mi rostro es real.

Sé que me caracteriza el desorden.
Soy inquieta, y mientras más me pienso,
más caudalosa soy y mayor es la marejada.

Hallaré las respuestas a mis incógnitas.
Por ahora, me limito meramente a intentar ser.
Voy rumbo a mi desencuentro.

La prisa no me acompaña.
Ando con su hermana, la calma.

Sol es una

Trato de escuchar la voz que me dirige hacia la razón,

pero me encuentro en un abismo color dorado.

Es el sol, el máximo iluminador de la vida,

y tras nuestro encuentro diario, suspiro con su roce.

La voz que intenta imponerse logra alcanzar un silencio

y aquí me doy cuenta de que la razón es una palabra más,

cuyo propósito aún se desconoce.

Es el universo todo lo que abarca la existencia.

La simpleza del sol es su omnipresencia

y con ello, el componente unificador

de nuestro hábitat compartido.

Percibo ráfagas de luz con el paso de los días

y doy fe de que, con ello, mi conciencia se agranda.

Alcanzo un estado óptimo de iluminación,

pero desciendo a la oscuridad con sutileza.

Y así, fluctúa mi existencia en el presente,

sabiendo el destino oscuro que se avecina.

No temo porque he estado en la luz,

por lo que me corresponde una estadía sombría.

Estoy prestada ante el sol, la luna nueva me reclamará.

La cima y el mar

En el manjar de una gota,

me desvelo en un nuevo pensar.

Escondida tras una sombra que amarra mis libertades,

un manto de grandeza se posa sobre mí.

Entre tanto escalar, olvidé lo importante de tropezar.

Tanto alcancé que, desde la cima, me nublé.

El camino dejó huella en mí y yo en él.

Tardé en comprender que la cima de la montaña no es plana,

por lo que solo hay cabida para unos pocos.

Me asusté.

La brisa respondió a mi miedo y me susurró al oído:

*'La cima es un mero punto en el universo cuya
dirección es clara: siempre hacia arriba,
pero hija, ¿cómo encontrarle
la cima al mar?'*

Y ella misma retiró lo nublado del horizonte.

Y en lo más lejano de la vista,

contemplé el mar.

El miedo conduce mi futuro;

el presente, mi estado actual;

el pasado, una herida de guerra.

Es la vida un desbalance coordinado.

Yo+

Dudando de mi imaginación,
me traslado a otra dimensión
donde toda flota,
donde la semilla siempre brota.

Acompáñame,
y cuéntame, si como yo la ves.

Allá en el fondo,
en lo lejano
 y en lo hondo.

El descubrimiento
más oportuno,
muy brillante
y del todo fortuno.

De un anhelo
que llevo en el corazón adjunto
de vivir en un colectivo conjunto.

Dudándome

Sentimientos de duda y confusión

que invaden mi pensamiento.

Un retroceso en mi pensar

que me plantea en mi paso inicial.

Motivos que me influencian a retroceder.

Al parecer, no se entienden mi ser y mi hacer.

Creo que tomé la dirección que correspondía

porque la ruta no está hecha.

La verdad es que camino sin saber.

No logro reconocer si me he topado con mi vencer.

De nuevo

Y de nuevo, estoy perdida.

Estoy en el fondo del vaso,

en la orilla del precipicio

donde solo escucho el llamado del viento.

Solo mar a mi alrededor,

solo aire, sola estoy.

Hoy no me acompaña nadie

ni mi soledad.

Hasta ella anda sin dirección.

He vuelto al comienzo.

He regresado a mis dudas.

He regresado a mis tormentos.

Estoy en donde dije no retornar.

Nadie me espera

porque no he debido volver,

pero aquí estoy

desenredando el vacío

a punto de saltar y dejarme ir.

Ser como el agua y fluir,

pero estoy detenida

y no sé qué va a ocurrir.

Vos Es

Escucho voces al atardecer.

Luces ancestrales

acompañan mi estadía.

Escucho criaturas voladoras

que distraen mi observar.

Las miro y las oigo cantar.

¡Oh, cielo violeta!

Escucha mi pensar.

Tengo lamentos

y cargo penas sobre mis pies.

Largo ha sido mi recorrido

por este suelo arenoso.

Oleaje de pensamientos

que inundan mis acciones.

Escucho voces al atardecer.

Repetición que se convierte en acción.

Libertad anclada en la arena.

Espuma fiel,

haz de mi mente verbo y no piel.

La distancia se viste de horizonte

con el cántico del viento.

Retumba en mis oídos

como trueno en pleno miedo.

Relámpago de alegría

que a lo lejos se aprecia.

Oleaje fuerte

que inunda mis pensamientos.

Escucho voces al atardecer.

Corroída como la roca,

sentenciada como el sujeto.

Aprieto fuerte entre mis dedos,

pero lejos se va y ya no lo tengo.

Es el mar, es el viento.

¡Oh, cuarzo divino,

palmeras estrelladas!

Cae la noche sin apuro

y sin reproches.

Soy yo una de las tantas voces.

Sombrillas

Tratamiento de oscuridad,

visibilidad anulada,

percepción marginalizada.

Es tiempo de renacer.

Desaprender para descubrir

lo que se esconde en el jardín.

Soledad que me escucha,

soledad que me cuida,

ten presente mis temores,

ten presente mis dolores.

Aún no consigo darle colores.

Nada bueno traen sus olores.

Enséñame a ser firme,

como el mar que aguanta tinieblas.

La noche, el día y las estrellas

Enséñame a ser valiente

en este mundo incierto.

Con la vista trastornada

siento que se nubla mi visión.

Con cada respiro

suelto tres y cuatro suspiros.

En este oscuro cuarto

que es reflejo de lo ajeno,

me pierdo

en las profundidades de mi ser

y no consigo

conocer quién verdaderamente soy.

¿Seré meramente

la voz entrelazada entre las letras?

¿Seré solo quien sale a trabajar?

¿Seré los libros que leo,

las historias que veo,

los ritmos que bailo,

los alimentos que digiero?

¿Quién soy?

¿Cómo soy?

¿De dónde vengo?

¿Hacia dónde voy?

¿Qué estoy haciendo?

De nuevo, se repiten

pasado, presente y futuro.

Tiempo al tiempo, al tiempo

¿Es culpa mía tener tanta prisa

en este mundo que no para,

donde todo es enseguida?

¿Hasta dónde?

¿Hasta cuándo?

Doy un paso a lo alto,

y de pronto caigo más bajo.

Soy fruto de mis padres,

hija de la tierra,

regalo de la noche,

resultado de un junte de por vida.

¿Soy mi propia persona o

soy la mezcla de todas mis influencias?

¿Entonces, de qué vale mi presencia?

'Eres única', me dijeron.

'No hay nadie como tú'.

Pero miro a mi alrededor

y veo a ocho mil millones como yo.

Si todos somos diferentes,

entonces todos somos iguales.

'Eres única' me decían.

'Eres única', me mentían.

Entonces me pregunto:

¿Por qué tanta mentira?

¿Por qué llamarme princesa

en un mundo de negociantes?

¿Por qué engañarme con trucos de felicidad,

si ahora sé que el mundo es frialdad?

Con razón el sol se esconde

y la luna solo unas noches alumbra.

Y cuando hay luz

nos tapamos,

nos cubrimos.

Ahora no estoy sola.

Ahora hablo de 'nos'

porque por más ajena,

por más aislada,

soy terrestre y a veces del mar.

Soy agua que fluye y soy tempestad.

Soy luz y también oscuridad.

Me descubro y me cubro

y luego me redescubro.

Como el sol cuando amanece,

pero a las seis ya se va,

como las estrellas que siempre están

posadas en el cielo

sin que alguien las aprecie con su mirar.

Sombras que brillan al mediodía,

focos ancestrales que aún nos guían.

Soledad, te voy dejando.

Soledad, me despido, pero esta vez feliz.

Ya es el otro día.

Ya no es ayer.

Ya no es mañana.

Hoy es hoy,

aún de noche, aún de día.

Gracias por enseñarme

que las sombras también brillan.

Desde hoy y para siempre

las llamaré sombrillas.

Silencio

Distancias que un día caminé,
hoy son recuerdos que muy presentes tendré.
Por más que no consigo olvidar,
estoy deseosa de conocer las tempestades de altamar.

Aún no logro del todo,
escapar de las sombras de mi pasado
que por las noches me vienen a saludar.

Queda mucho por caminar, aunque
a veces, cuando no lo logro evitar,
mi mente corre y corre y comienzo a dudar:

¿Seré o no seré?
¿Soy o solamente fui?
¿Cómo saber a dónde ir?
¿Cómo aprovechar mi existir?

Tengo muchas preguntas,
nací para buscar respuestas,
pero a veces pienso
que siempre han estado conmigo
y me confundo al despertar.

Sueño con muy lejos viajar,

pero con tantos destinos,

¿cómo escoger por dónde empezar?

Tengo miedo de averiguar

y aprender que no todo fue verdad.

¿Cómo confiar en los demás?

Si cuando veo mi reflejo,

no sé qué mirar.

Tengo ganas de ser fuerte

y no mostrar debilidad,

pero algo me aguanta

y aún no lo he podido descifrar.

Es un freno, un rasguño sobre mi tejido,

es algo que me hunde y me impide flotar.

Tengo varios seres dentro de mí,

unos más felices,

otros que solo quieren gritar.

¡S I L E N C I O!

les ordeno, pero no les agrada callar;

a las tres y cuatro de la mañana

comienzan a conversar

y ahora son mis ojos los que logran cerrar.

¡SILENCIO

que ya no puedo más!

¡Cómo es posible que no entiendan mi lamentar!

No puedo ni estornudar;

si tan solo me dijeran qué quieren,

qué es lo que tanto desean encontrar.

'Eres tú la que andas perdida,

no ves que solo te queremos ayudar.'

SILENCIO

La prima verdad

Anoche les hablé
a mis plantas por primera vez.
Les pedí perdón
por no haberlas cuidado bien.
Les dije que merecían un trato mejor,
que merecían atención al cien.
Creo que me escucharon,
y con amor les conté
sobre el día en que de ellas me olvidé.
¡Cuánta pena y cuánta angustia
debieron sentir estos seres verdes
que, sin permiso, reclamé!
Ahora no son libres,
no son dueñas de su vaivén.
Hojas amarillas revelan su sentir.
No soy quién para reclamarles ni exigirles.
Lo que no se cuida, se olvida y se deja ir.
Les llamo plantas
a todos los que una vez herí
cuando lo que merecían era sonreír.
¡Ojalá me perdonen!,
aunque el perdón es solo para mí.
Ya no sé lo que digo,
pretendo que así algo consigo.
Ni el divino Creador, así sea domingo,

pondrá paz en mi camino.

Me siento sola, pero no pido auxilio.

Ni el demonio ni el Rey

comprenderán este delirio.

Verde azul, negro maíz, dorado y amarillo

De plantas comencé

y ahora no entiendo

y no sé a dónde quería llegar,

ni por dónde me pretendía lanzar.

De víctimas y abusadores

están llenos los libros, pero ¿y de los que callan?

De ellos no han dicho nada.

¡Oh, divino lenguaje con el cual puedo rimar

y desatar mis sentidos!

Eres fruto del patriarcado,

no creas que no lo he notado.

Esta es mi descarga

antes de que el sol se esconda

y me deje a oscuras en estas calles.

Quizás para allí es para donde voy,

donde nadie me escuche ni sepa quién soy,

y de eso no me preocupo,

mi identidad no me recuerda

o quizás sea al revés.

Lo que sé es que a mis plantas voy a volver

a pedirles perdón y a decirles que las amé,

aunque no me acepten y me nieguen otra vez.

El verde es mi color,

de clorofila estoy hecha,

aunque blanco sea mi resplandor.

Dicen que de la tierra soy

y que ahí regresaré; miren cómo me entierro

entre las flores que un día me negaron,

pero aquí voy sin mucho que ofrecer.

Se ríen de mí porque no logro pertenecer,

y recuerdo la noche

en que les hablé a mis plantas por primera vez.

Les pedí perdón por no dejarlas crecer.

Hace cien letras atrás, no les pude responder.

Lo que querían era agua, sol y un sostén.

Miren cómo sin mí, no hacen más que florecer,

flores moradas,

flores robadas,

flores pesadas.

¡Flores, flores que no se acaban!

¿Primavera, dónde estás?

¿Estás en el río o en el mar?

No veo colores en este valle de lamentos.

Agonizo con tu llegada querida.

¿Verano, me escuchas?

Invierno, no me hagas caso,

de ti me olvido con apuro y sin retraso.

Otoño, no me mire, ¡que está despedido!

Primavera, oye lo que te digo,

a ti sola te quiero,

pero quiero tus espinas,

no tus pétalos clandestinos.

¡Primavera, no me mientas y sé sincera conmigo!

Dime si sobreviviré este día sombrío.

Diles a mis plantas

que no necesitan florecer,

es lo verde lo que disfruto,

lo que me da placer.

Lamento ser un estorbo,

no fue mi culpa nacer,

aunque reconozco que lo haría de nuevo,

si lo pudiera hacer, a ver si me encuentro,

y a mis plantas las trato bien.

No quiero sus semillas, ni sus frutos,

solo sus hojas sanas que reflejen

esa frecuencia que ni roja ni morada es.

Verde son mis sueños.

Primavera, ¿ya me vas entendiendo?

Es la verdad lo que te estoy diciendo.

Lamento del ayer

Admito que hoy no puedo.

No tengo energías para continuar con esto.

¿Por qué seguir si ya me di cuenta de que esto no es para mí?

Pasa que el orgullo pesa más ante la fragilidad,

y es del propio, no es de lo que piensen los demás.

No quiero renunciar y dejarlo todo perder.

Siento que es tarde porque ya siento que me asfixio.

Falta aire cuando respiro.

Me atormenta no saber lo que quiero,

a estar solo dando tumbos,

a los lejos, sin dirección, sin rumbo alguno.

Quiero regresar, ¿pero regresar a qué?

Si antes solo había dudas, pero con las que tengo,

es como si no me hubiese ido.

Sigo igual, aunque ahora es más seguido.

La perdición, la confusión, siento que esa es mi profesión.

Al parecer todo pinta bien, pero en el fondo

no lo estoy y temo que no lo estaré.

¿A quién le cuento?

¿A quién le digo?

Si ya les dije que estaba bien.

No hago más que mentirme

al fingir que sé lo que hago.

La verdad es que no voy para ningún lado.

Debo aterrizar de este ensueño

que no me deja volar y me tiene muda.

Tratando de mis miedos olvidar,

pero a ellos mismos quiero enfrentar.

Pero si no me hace falta verlos,

¿por qué ir a buscarlos?

Sé que puedo hacerlo,

pero quizás en otro lugar,

bajo un cielo estrellado

y una luna que mirar.

Acá, la ciudad ahoga y envenena,

pero dicen que, en ella, muy lejos se llega.

Entonces, ¿cómo crecer sin moverme?

¿Cómo cambiar sin caminar?

¡Ojalá las plantas me compartieran su secreto!

Porque por más que intente escuchar

nada me dice el concreto.

Reflexión

Para una muestra,

una mirada

sencilla, fuerte,

pero debilitada,

que se esconde

tras una falsa alegría.

A mí

no me engaña.

Sé lo que esconde

la tierra en tu mirar,

es lo que la mía

a gritos señala,

pero nadie escucha,

nadie hace nada.

Conversatorio

Sentir que no siento es lo que deseo sentir,

pero frente al sentimiento, está el pensamiento.

Sabiendo que no sé lo que siento

tomo asiento y me desatiendo

porque suelo encontrar respuestas

cuando las preguntas no me atormentan.

¿Cómo saber si siento o pienso?

¿Cómo saber si escucho y obedezco?

¿Pero cuál voz escucho?

Si dentro de mí, hay una conversación.

Circulando

Estoy buscando el camino.

¿Cómo saber cuál es,

si nunca lo he visto?

¿Cómo saber si voy bien,

si nadie va conmigo?

¿Cómo reconocer el desvío de la ruta,

si no hay alguna?

Estoy perdida.

No hay quién me oriente.

El mapa no me sirve,

no está vigente.

Ando en círculos.

Voy de regreso al principio.

Al final, me di cuenta.

Ese era el destino.

Alabanza

Espíritu que no cesa,

espíritu que no espera,

espíritu que se reta,

no se angustia con el aumento.

Su firmeza lo distingue.

Su carácter no lo restringe.

Aquello que más sorprende

es lo que los ojos no perciben.

Es lo que el sentir recibe.

Y el espíritu no es para mirar,

mucho menos para apreciar.

El espíritu es para sentirlo,

compartirlo y vivirlo.

El espíritu nace, pero no muere.

Al espíritu nada lo prohíbe.

No existen cadenas ni ataduras.

El espíritu obra bajo su propia conciencia.

Posee autonomía e inteligencia.

No se controla ni se implora.

El espíritu anda suelto,

anda despeinado al son del viento.

No exige ni reclama.

Es una encendida llama,

que arde sin contemplar lo tarde.

Es energía andante.

¡Oh, Espíritu Santo, Santo Espíritu!

Te alabo y no te olvido.

Te llevo siempre conmigo.

Desconozco cuál sea tu plan,

pero perseguiré tu insaciable afán.

Yo me pregunto

Todavía me sigo haciendo las mismas preguntas.
Son muchas las angustias que llevo.
Trato de soltarlas, pero como tatuajes
están adheridas a mi piel.
Llevo un largo periodo buscando las respuestas.
Algo que me tranquilice,
que le ponga fin al caos que me atormenta.
¡Cuántas noches he perdido
visitando mis tinieblas,
conversando con mis sombras!
La noche pasa y el sol se avecina.
Un día más sin solución.
Con mi reflejo, intento ver algo nuevo,
pero veo lo mismo de ayer:
un rostro de mal semblante, pálido,
perdido en pensamientos alarmantes.
Negatividad que debe culminar
para así creer que todo sí tiene su final.
¡Ojalá no sea yo la que alcance su quebranto
y se junten mis tinieblas para reírse de mí
por no lograr con las respuestas un encuentro!

Cielo nublado, cielo soleado

Como una nube posada frente al sol
que me perseguía por todos lados,
grisáceo era el cielo.
Lleno de cenizas y recuerdos,
tan denso que no podía respirar
como un tormento a mi paz.
¡Primavera, bríndame tu luz!
Eran las palabras que resonaban,
retumbaban en mi memoria
y me senté a esperar ver las flores.
El cielo no me traía lluvia
y las queridas no salieron.
Me quedé esperándolas,
pero no vinieron.
A pesar de sentirme sola,
no lo estaba,
el tormento gris me acompañaba.
Pensaba que enloquecería
encerrada en una caja
redonda sin saber por dónde giraba.
Un rayo de luz que se entrelazaba
pronto se iría sin avisarme.
El cielo se enfurecía
cuando me tranquilizaba,
quería verme agitada y desconcertada.

No le di el gusto.

Soñaba con ver la pintura azulada,

solo tendría que aguantar más

para pronto ser liberada.

Hasta que llegó el momento,

el instante que deseaba.

Me dio la luz

con una fuerza extraordinaria.

Me abatió y caí al suelo

tristemente golpeada.

Ni en la luz ni en la sombra,

son alas de un mismo animal.

Entonces donde quedo

por definición, abandonada.

La sombra no me quiere

y el sol me maltrata.

¿Hacia dónde voy?

Si del cielo nadie se escapa.

Dirección

Dentro de la luz que emanan mis suspiros,
el delirio me provoca seguir adelante.
Es una fuerza imparable capaz de cegar
los motivos por los cuales camino.
Son ellos focos centrales de mi ilusión.
Ojalá que mi servicio sea por un bien mayor.
No anhelo más que entregar toda mi devoción,
provocar un aliento de esperanza
dentro de la caótica incertidumbre de la danza.
¡Qué linda es cuando todo está a favor!
¿Pero tendrás la voluntad de perseverar
cuando la nube gris se plasme sobre ti?
Escucha la voz que dictará tu sentencia,
ese mensaje interno que se desvanece.
Haz de ella tu norte y de él tu sur
porque las palabras no deben tener género
al igual que los sueños.
El destino es uno.
¿Tenéis duda de cuál es tu rumbo?
Ven, te invito el desayuno.

La flor marchita

Como flor pálida, tímida y desprevenida,

ella salió de su cuarto.

Se dirigió hacia un nuevo mundo.

Se encaminó a un nuevo pensar,

y sin dudar, se lanzó.

Dentro de su mundo, era pura alegría;

sonreía y sonreía sin disimular.

Decía que la felicidad no debía esconderse,

era fruto para compartirse y sentirse.

La realidad velaba sus sueños.

Vivía en una fantasía

sin conocer los secretos que escondía.

Ella prefería mirar a otro lado;

contemplar las flores en lo lejano.

Ella prefería vivir en la algarabía,

dentro del caos, fuera de lo estricto

donde no existían reglas y todo era un juego.

La pobre, desconocía el daño que se hacía.

Ahora, ella lamenta no haber regresado de ese vuelo.

Lamenta haberse tardado tanto en aterrizar.

La pobre, ahora está triste y vacía,

cantando en voz baja para que no la escuchen.

Dicen que aún anda volando.

Ella dice que las flores se ven mejor desde lo alto.

Acompáñame

Quiero sentir el suelo,

mojarme bajo la lluvia,

despeinarme con el viento.

Quiero escapar de este encierro.

No quiero irme sola,

quiero que me acompañes.

Hablemos de la vida,

de sus hazañas y sus maldades.

Cuéntame cómo de lo malo te libraste,

cómo de lo bueno te aferraste.

Enséñame a escapar.

No es lo mismo que olvidar.

Sujeto

Con el lápiz, un dilema.

De nuevo, con el mismo tema.

Como si el viento no hubiese soplado,

como si la lluvia se hubiese secado.

¿Qué será lo que mi pensamiento hallará?

¿Será que una respuesta al fin me entregará?

Estoy nadando, pero siento que me voy hundiendo.

Estoy detenida, pero sé que voy corriendo.

Trato con el verbo reemplazar,

un sujeto del cual me debo distanciar.

Es fruto de lo prohibido,

es todo lo benigno que he recibido.

Soy débil y por eso me provoca.

Admito que, por ello, mis deseos aumentan

para dejarme vencer,

para entregar hasta lo más aislado de mi ser.

Insisto que logro hallar un espacio

en donde el tiempo anda despacio.

Grito fuerte para reclamarlo.

Grito fuerte para no apartarlo.

Oigo voces que me susurran,

'Hay palabras que no se borran'.

Versos sueltos

Voy vestida con todos mis errores,
y sobre mi cabeza, un sombrero
para retener la razón.
¡Ojalá que me libre del rencor!

Algunos días soy feliz y a eso me prefiero arrimar,
aunque ha sido la guerra, la maestra de mi deletrear.

Recuerdos que deseo borrar, son los que nutren
los fonemas que deseo ordenar.

Versos sueltos entrelazados entre mis dedos
sin sentido y con sentimiento, conscientes y presentes.

Fantasmas, los escucho y los espero.
No los olvido, sino aprecio su danzar.

Se dejan llevar por mis melodías,
bailando a mi paso y cantando a mi ritmo.
Se encuentran y colapsan,
como el sentir y el pensar,
sin rumbo alguno.

Contenido sin propósito, sírvame de escape del prójimo.
Solo pretendo vaciar lo que llevo profundo.

Más le temo a lo que conozco.

Es la libreta mi fiel acompañante.
A pesar de que no me escucha,
sostiene mi caos,
el que retumba día y noche
en las profundidades de mi cabeza.

Tolera mi enredo y así,
lo veo todo paralelo
y así puedo galopar
libre por el monte,
sin pensar cuál es mi norte.

Palabras tras palabras voy
pintando de negro los espacios en blanco.
Letras en conjunto que liberan el más denso vapor.
La tinta que me fortalece es mi salvación.

Me contengo gracias al margen.
Mi ruta es lineal de izquierda a derecha,
sin nada que olvidar.
Es la tragedia el espíritu de mi rimar.

Para ti, una lectura,
para mí, la más noble criatura.

Jugando a ser

Como el agua, soy materia
por siempre cambiante.

El verbo de la oración,
sujeto y predicado bailando al mismo son.

Soy el primer pedazo de la canción,
un disturbio de la razón.
Como el cartero dejando el pasado en tu buzón,
soy la noche jugando a ser flor.

Como una idea, aparezco de repente,
aunque a veces suelo estar latente;
mi respiración me hace viviente.

Como acentos mal colocados,
soy un sentimiento no programado.
Emociones que revientan con el tacto.

Soy más de lo que lees, soy todo lo que callo,
pero también soy lo que hago.

Incluso, estoy hecha de sonrisas
que algún día plasmé en mi rostro

y a su origen suelo querer regresar.
Como la vida entrelazada,
como nudos en la garganta.

Mariposas traicioneras
que confunden la digestión.
Como el oleaje de los días,
marea, que sube y que baja,
pasajera en naufragio,
confundida, sin mapa en mano.

Caminos que se separan,
origen que no se despega.
Soy y seré más de lo que fue,
vida solo mía que no es compartida.

¿Qué me espera en altamar?

Sentir, enfrentar, levantar, recuperar,
acciones de fuertes y valientes.
Es el llamado del interior,
fuego oxigenado
que se nutre de pasión.

El verbo sin acción
es palabra sin valor.

Hueca

Soy un nudo.

Soy caos en desarrollo.

Soy mi único apoyo.

Siento que no soy,

pero ser es lo único que sé.

Siendo mi ser, es mi deber.

Aleatorio

Quisiera relatar algo positivo, algo alegre y divino.

Quisiera poder resaltar los momentos de plenitud,

poder compartir, aunque sea solo una virtud.

Hay tanto por agradecer, tanto por enaltecer.

Desearía mil flores recoger y repartirlas por doquier.

Quiero volver a reír como antes,

cuando era una niña y la vida me parecía sencilla.

No es que ahora piense lo contrario, aunque quizás sea así.

Todo se ha vuelto un ocho.

Se ha complicado hasta respirar, hasta el aire puede ser tóxico.

Quiero escapar, pero no habrá lugar para mí

sin antes desenredar los nudos.

Estoy estancada.

Corté mis propias alas.

Después, la tierra tembló y caí al piso,

y como el cristal, me rompí en mil pedazos.

Ahora solo tengo mis pies, pero de nada me sirven para lejos llegar.

Es que ave soy, fabricada para el vuelo alzar.

Viaje astral, viaje real

Cierro los ojos y veo claridad.

Observo con pausa,

como si el tiempo no existiese,

como si fuese una invención,

quizás de todas, la más antigua.

Entre múltiples sombras,

veo muchas puertas.

Están selladas.

No hay cabida para la llave.

No se pueden abrir,

pero eso ya yo lo sabía.

Terriblemente, no hay ventanas.

Solo hay nubes sin fin,

un cielo no conocedor de límites.

Estoy en el aire.

Voladora soy

y por eso, cambiaré mi manera de andar.

Ahora solo elevo, elevo mi pensar.

Tantas puertas que aún no me decido.

¿Será que no podré escoger alguna?

Entre la multitud, solo una deseo atravesar.

A pesar de mi vuelo,

por más de una no podré volar.

Aprecio algo a la distancia,

un objeto no identificado y claramente volador,

tal como debo hacerlo yo.

Acá ando en otra dimensión

paralela a la real,

aunque me confunde distinguir

la verdadera de la virtual.

Alzo mi vuelo para mejor contemplar

al objeto volador que brilla sin cesar.

¡Soy yo! ¡Es mi reflejo perturbador!

¡Soy yo, en otra vida, en otro parador!

Volando sin destino,

moviéndome sin dirección,

observación que cuestiono con razón.

Ya no hay sombras,

pero ya estoy despierta.

Soy solamente yo

mirándome en mis reflejos.

Ojos abiertos, pero no hay espejos.

¿Cómo sé que están abiertos?

No los veo, no los manejo.

Trato de cerrarlos,

pero parece que se acabó el tiempo.

La visita

Alguien toca mi puerta.

¿Cómo se atreve?

¿Por qué lo intenta?

¿Acaso piensa que estoy disponible?

Quien se haya atrevido debe comprender

que estoy muy ocupada y no lo puedo atender.

Pasan uno, dos, tres...veinte minutos.

Alguien continúa tocando mi puerta.

¿Por qué no se marcha?

¿Por qué se queda?

¿Por qué insiste en jugar con mi paciencia?

Solo deseo estar tranquila.

No comprendo su insistencia.

Debo permanecer acuartelada,

permitirle a nadie la entrada.

Quizás deba decirle,

que no contemplo recibirle.

¿Será posible que aún tenga la esperanza,

de que a mi guarida entre con plena confianza?

¡Se equivoca, qué gran error!

Todavía sigue tocando,

pero pronto desistirá.

Mi postura he sostenido.

Lo desconocido no será bienvenido.

¡Ay, pero ya no tolero más el sonido!

Que se vaya, no debió haber venido.

Ni un dedo movilicé,

pero al fin, de mi puerta la alejé.

De nuevo me senté

a ocuparme de mis obligaciones,

tal como lo hice ayer.

Sin molestias, ni interrupciones,

el trabajo culminé

y a la puerta no me acerqué,

a pesar del misterio que logré esconder.

En mis sueños, volví a enfrentarme.

A desafiarme llegó la intriga,

vestida de blanco y con una desagradable sonrisa.

Quiso hablarme, pero preferí no escucharle.

Por ignorarle, no pienso confesarme.

Un vestido largo y lujoso,

velo de encajes color rojo,

llevaba puesto sobre su rostro

y, aunque no lograba definirlo,

era masculino.

Caminó y se acercó y me susurró.

'Querida mía, cuánto desprecio de tu parte.

Si supieras que solo vine para apartarte.

Por mirarte, me declaro enloquecido,

pero nunca fuiste tierna conmigo.

Ahora, te dejo libre, como siempre has querido.

Sola, solita te veré, querida mía.

Le diré a la Sombra que vuelva a tocarte.

Esta vez, no podrás ignorarle'.

Tun

Tun

Tun

Sonaba mi puerta.

Tun

Tun

Tun

Alguien tocaba mi puerta.

Tun

Tun

Tun

¿Será que ahora estoy muerta?

Tun

Tun

Tun

Me levanté estremecida por los nervios.

Algo terrible estaba aconteciendo.

Estaba asustada.

No reconocía lo que estaba haciendo.

Poco a poco, la puerta fui abriendo.

Poco a poco, su silueta iba viendo.

Era él, el de mi sueño.

Vestido de negro y me miraba sonriendo.

Salí del cuarto corriendo.

'¿A dónde vas, querida,

no ves que por ti me estoy muriendo?

No me digas que no me sigues queriendo'.

Agarré un cuchillo y se lo tiré al individuo.

¡Qué desperdicio, qué idiota había sido!

'No me temas, querida. He venido a buscarte,

sabes que conmigo debes confesarte'.

'No, no tengo nada que decirte.

Vete antes de que logre herirte'.

'Ya lo has hecho, querida mía.

Tu desprecio me ha humillado.

Por eso vengo por ti,

por el daño que has causado.

Acepta que te equivocaste,

deja de ser tan arrogante.

Lejos de perfecta, muy cerca de soberbia.

Orgullosa y malagradecida,

por mí ya no eres bendecida'.

'No necesito tus sermones,

son nada más que falsas ilusiones.

De nada sirven las confusiones,

que le has provocado a mis razones.

Te desprecio aún más.

Eres igual que los demás'.

'Amada mía, acepta tu derrota.

Admite que soy el rey de tus estrofas.

¡Cuántas letras me has dedicado!

Es un honor ser la musa de tus pecados.

Amada mía, déjate vencer.

Haz del cielo, tu renacer.

Di que me amas y me volverás a tener'.

'Prefiero el infierno que a tu lado regresar.

Ante ti, no me arrodillo en el pedestal.

De ti no creo el cuento celestial'.

'No pronuncies palabra alguna, amada mía.

Allí mismo te llevaré.

Tu palabra es mi acción.

Rojo pasión por los siglos de los siglos.

Amada mía, grave error el que has cometido.

Este es mi reino,

¿cómo es posible que no lo hayas sabido?

Disfrazado no estoy, esta es mi verdadera piel.

A este siervo siempre le has sido fiel.

Por eso rechazaste al atrevido.

No como yo, que primero pedí permiso.

A tus sueños solo entra quien tú deseas,

aunque se vista de blanco,

el deseo arde más que el llanto'.

Escapatoria

Reconozco que soy una coma,

una mera adición al universo,

solo así puedo ser parte de lo diverso.

También soy tema de conversación

de principio a fin.

El relato es sobre mí,

una estadística, una gráfica,

un valor para ingresar.

Soy la ecuación que no saben solucionar,

pero pocos ven lo imaginario

detrás de mi sonrisa.

Soy el deseo que intoxica.

Establezco mi posición.

Voy dejando huellas en el suelo,

confundiendo la lluvia con el viento.

Soy fuego que todo lo arrasa.

Soy el ángel y el demonio,

el fantasma de mis errores.

Soy todas las voces que hablan en mí.

Soy todos los cursos que he tomado

y también en los que he fallado.

Soy el resplandor del amanecer,

las sombras que dejó el atardecer.

Soy las palabras que dije,

también las que guardé.

Sierva del universo y del caos.

Soy el sinónimo de mí misma,

al derecho y al revés,

con y sin sostén.

Soy todo lo que nace,

capullo que florece,

juventud viviente,

experta en escapar del presente.

Náufraga

En las luces de mis sueños,
observo con detenimiento la elegancia
y lo sereno del anhelado despertar.

Tras una noche de pestañas alargadas,
me refugié en la eterna caricia
de una profunda oscuridad.

En el silencio de las sombras,
percibí un leve sonido;
fue solo mi respiración
haciendo frente al olvido.

Luego de varios intentos
en alcanzar la serenidad,
no solo fue mi respiración,
sino que hubo una segunda adicional.

Somos más en un mismo espacio.

Pronto me di cuenta
de que en mis sueños
hay cabida para más,
más de lo que quisiera.

Mis sueños me pertenecen,
pero ellos me controlan.
Soy su esclava.

Entonces...

Decidí navegar mis lamentos
para conocerlos,
más bien, reconocerlos.

Lagunas mentales de las cuales
no olvida mi conciencia;
noche tras noche, con calma
regresan a invadir mis párpados.

Suspiro de nuevo,
y con una sonrisa,
las atiendo.

Desconocidas no son,
las conozco muy bien;
de vez en cuando
me marean con su vaivén.

Ellas piensan
que logran agobiarme,
sin embargo,

lo que hacen es enseñarme.

Más le temo a lo conocido,
que aquello que
aún me queda por saber.

Somos más de lo que sabemos.

Treintiuno

Un nuevo aire se avecina,

pronto será el próximo día,

pero no es cualquier día.

Es el nuevo día,

el que todos esperan,

por el que todos luchan,

por el que todos sueñan.

Es el primer día,

pero es el mismo del ayer.

Es el que se repite siempre,

juego ancestral,

ritual anual.

Embriagados de esperanza

como si trajera confianza.

Conteo regresivo,

conteo progresivo.

Anhelando el futuro

que se disfraza en el ahora.

Es pasado, es vejez.

Frente al futuro,

vestido de presente.

Es la proximidad más íntima del tiempo.

Ojalá todos los días

fueran el próximo día.

Primavera, aceptándome

Moral que deja

El hechizo de toda bruja,
clandestina y sin brújula,
acentuada siempre como esdrújula.
Este carácter nunca se estruja.

En silencio voy en ruta,
caminando, observando y anotando.
Hay mucho que percibo;
otro, me lo imagino.

Pequeña, pero muy astuta.
Vividora de las nubes
para ver de la montaña
su pico y su llanura.
Tener mi visión es por sí sola una hazaña.
De mi presencia, no hay sustituta.

Moraleja:
La vida es cuestión de actitud.
Haz de tu esencia tu mayor aptitud.

¿Cómo?

Reviste tu comportamiento de valentía.

Al universo, no le temas.

Ten certeza en los pasos que das,

aunque luego, otro camino decidas tomar.

Diles a tus miedos:

'¡Hoy no y qué tal jamás!'.

Solo se trata de avanzar con calma,

echando a un lado el desespero.

Es cuestión de ir día a día

pensando que todo saldrá bien

y que lo malo se apartará.

Se vive segundo a segundo,

aunque el calendario no lo acepte.

Si de tiempo vamos a hablar,

dile al reloj que no está invitado.

No debe pasar.

Quise decir latido a latido

porque es el corazón el marcador.

La mente no es la que decide.

Solo se deja llevar.

Y de qué sirve la cobardía,

sino solo para atrasar.

Reflejo

Háblales a tus fantasmas, a tus demonios y a tus ángeles.

Ellos te dirán qué hacer.

Háblales fuerte y sin miedo, como si no te pudieran ver.

Háblales hasta que se duerman y vuelve al amanecer.

Háblales de todo lo bueno y mucho más de lo malo.

Cuéntales cómo te atreviste a florecer.

Ante escasez y adversidad

la planta florece, aunque ese sea su final.

Llévales una canción y cántales del amor.

Cuéntales cómo pudo eso más que el horror.

Háblales como si no te pudieran escuchar,

como si no existieran,

como si al verte, se desvanecieran

como la espuma de la ola,

que se va, pero regresa.

Diles cuánto te han hecho llorar, sufrir y doler.

Cuéntales que ya no más.

Cuéntales que después de esta, no vas a volver.

¡Qué del cielo, qué del infierno!

Si tan solo con mi aliento

me doy cuenta,

de que le hablo al espejo.

Adivinanza

Hallaré la manera, dentro de mi silencio, escuchar.

Aun cuando no tenga algo que decir,

aun cuando el sol cese de brillar

y retumben en mi imaginación escenas macabras.

Cuando el cielo permanezca irreversiblemente nublado

y el río, de agua se haya vaciado,

hallaré en mi interior, un motivo para continuar.

Es justamente en la adversidad

donde he permanecido.

Día bueno, día malo,

noche sola, noche acompañada.

Llevo puesto algo que no se ve.

Aunque no se vea, muy pronto lo demostraré.

Regalo

Tengo entendido,
que todo lo aprendido
es producto de lo vivido,
sea bienvenido o rechazado,
se encuentre cercano o apartado.

La vida es una recopilación de hechos,
sea a lo izquierdo o a lo derecho.
La vida corre cuando uno se levanta del lecho,
cuando se arriesga y se acorta el trecho,
de frente, sin miedo, levantado el pecho.

Mientras haya sangre recorriendo mi interior,
mientras motivos siga teniendo
para estar sonriendo,
este espíritu continuará existiendo.

La vida no es tan compleja
como ha sido pintada.
Es cuestión de una sola acción,
el latido del corazón,
aunque ella no se limite a eso,
ese es solo un suceso.

Coloca la mano sobre tu pecho
para sentir la subida y la bajada,
el bombardeo constante.
No lo des por sentado,
recuerda que un día se agotará.

¿No es esa razón suficiente?

Aprovechemos que el presente es eterno,
aunque nosotros no lo seamos.

¡Levantado sea el espíritu!

El asiento

Y aquí sentada
contemplo el camino
que he recorrido.
Recuerdo las lágrimas
que abrieron paso
a mi nuevo destino,
por más pequeñas
que hayan parecido.
Las alegrías,
los triunfos
y los momentos,
todos ellos son
los que nos engrandecieron.
Es el amor a la vida
lo que nos permite
continuar.
Es ese arduo deseo
de vivir.
Por eso existo,
por eso resisto.

Soleado

Tan pronto pudo, el sol salió.

Salió para recordarnos que no todo está perdido,

que hasta en el invierno, tuvimos razones para haber sonreído.

Salió para deslumbrarnos, a mí y a todos los demás,

para mostrarnos que el planeta continúa sin detenerse.

Cierto es que cuando algo muere, otra nace.

Y la vida sigue, por más dolor que cause

para enseñarnos a bailar en la oscuridad,

a brillar luego de la adversidad.

Quizás algunos días se oculte detrás de las nubes,

pero el sol, aunque se dude, siempre está

presente, potente y firme como teniente.

Un nuevo día es lo que comienza.

Es página en blanco para quien tropieza,

es oportunidad para volver a intentar.

El sol salió para levantarnos

por más caídos que nos haya dejado la noche.

El sol salió y no acepta reproches.

Destinando

Abre paso a lo desconocido,

quizás ahí encuentres tu camino.

Sigue pensando sin hacer ruido,

el universo te escucha, aunque hayas huido.

Recuerda bien las reglas del destino,

dicen que son muchas, pero no las he visto.

Dicen vestirse de elegancia,

y que con su dulce fragancia

libran de la arrogancia.

Y sí, son personas;

para otros, luces celestiales;

para mí, el suelo y sus seres admirables.

Tras lo que da miedo,

vas en busca y de frente lo encontrarás;

aquello que te confunde más fuerte te hará.

Misterioso es el destino

que no se revela al principio,

sale de noche y nos empuja al precipicio.

Que sobreviva el que pueda,

pero vive el que lo desea;

por más que lata el corazón,

para algunos lo hace sin razón.

¡Oh, fiel caminante, ser viviente y pensante!

Levante su rostro y mire hacia adelante.

Su destino lo anda buscando,

no pare su andar, aunque lo esté dudando.

Cabeza alzada y cuello alargado,

fielmente respirando.

Sea para bien o sea para mal,

el mundo sigue girando, aunque lo estemos lastimando.

Por eso, mi querido espectador,

deje de inventar razones para lamentarse.

¿Y si hoy el mundo deja de girar?

¿Y si hoy el sol no sale más?

¿Y si la luna no nos vuelve a acompañar?

¿Habrás sido feliz, habrás estado triste?

Ojalá que algo hayas sentido,

no solo lo bueno es agradecido.

Te lo cuento ahora porque mañana

puede ser que no esté.

Vive la vida, vívela ya,

que para los vivos

la vida va hasta que el corazón no lata más.

Si hablamos del destino,

es la vida el camino hacia la muerte,

es la muerte el destino,

pero dese cuenta de que la vida es el camino.

Caminante, ¿acepta su destino?

En el allá

Da un paso hacia adelante.

¡Atrévete!

Haz el esfuerzo y lánzate.

Imagina lo que hay más allá de lo que puedes ver.

Más allá, en lo desconocido, está todo.

Todo lo que no conoces.

¿No te da curiosidad?

¿Te imaginas lo que puedes encontrar?

Yo no me lo puedo imaginar,

así que voy tras ello

para que nadie me lo cuente.

Profesión

La agricultura es tremenda cura.

No existe ciencia tan pura.

Por ella, la humanidad perdura.

Es vital y central su figura.

Ante ella, hay que mostrar gran cordura.

No vaya a encontrarme una ruptura.

Su tierra es densa, pero tiene soltura.

Ella es brava y, ante todo, conjura.

También es frágil, envuelta en dulzura.

Su práctica es fruto de la lectura.

Allá en el monte y en la llanura

allá en el valle y en la altura,

es ella quien brinda la verdura.

A ella me entrego, soy toda suya.

Sorpresa

Con mis ideales encendidos en llamas,

me proclamé dueña de mis pensamientos.

Con euforia, me lancé al universo

sin miedos, ataduras ni vendajes.

El fuego de mi interior enardecido

perspirando el rencor como en día de sol.

Las nubes no me entorpecieron el camino,

ellas también fueron parte del destino.

Y así, sin conocerlo,

me atreví a recorrerlo.

Es la tormenta una gran maestra.

Aprendí que el camino era simple,

era solo existir,

a darme cuenta de que mis pasos

eran autónomos.

Mi mente estaba volando,

mis pies, andando;

mi espíritu, bailando.

Era lo que anhelaba,

era lo que soñaba,

era todo lo que no me esperaba.

Vibrante

Energética vibra que me saluda,
rayo de luz posado frente a mí.
¡Qué bien te viste la poesía!
Magnífico ser que camina;
inundas el horizonte con tu esplendor.
Energía divina vestida de vapor
como una sonrisa al amanecer,
como un abrazo que da sostén.
Eres la delicada fuerza
que me mantiene erguida
evitando alcanzar el oscurecer.
Te vivo en el presente
y te recuerdo en el ayer.
Hoy, el cielo se viste de tu alegría.
Sea de noche o sea de día,
vas circulando con elegante melodía
atravesando líneas y esquinas
convenciendo a la entropía.
Energética vibra,
no me abandones.
Sé por siempre mía.

Equipaje

Y así, todas mis dudas se silenciaron.

Agarré todas mis fuerzas

y las coloqué dentro de mi maleta.

Me tomé un momento para respirar,

un espacio para meditar,

un tiempo dedicado solo a existir.

Abrí los ojos

y noté que ya no estaba mi maleta.

La busqué a mi alrededor,

pero no logré localizarla.

Abrí todas las puertas

y sacudí todas las gavetas.

Busqué por aquí,

busqué por allá,

debajo de la cama y encima de los zapatos,

y la maleta, por ningún lado.

Cerré mis ojos en medio de la desesperación

tratando de ignorar la frustración.

Me senté y me acosté y pareció haber anochecido.

Escuché al viento tocar mi ventana.

Me asusté porque pocas veces viene a saludar,

pero lo saludé en medio de la oscuridad.

Sentí que algo me quiso decir,

así que esforcé mi audición,

pero no entendí su lenguaje.

Me levanté y abrí los ojos para poder mirar.

Y frente a mí,

vi mis fuerzas listas para volar.

Acuoso

Algo bonito,

algo pequeño,

algo ni más ni menos,

como gota que se acumula

y no se deja vencer.

Para fluir y solo ir

y al aire llegar a sumergirse

y dentro de cada vida, un existir

y en lo no viviente también.

Compuesto de excelencia,

de toda gracia y elegancia,

tan sencillo, tan efectivo.

Algo como el agua,

cuyo valor no se globaliza

dándolo por sobrante.

Y sí, digo bonito,

digo pequeño

porque de cada pedazo

se compone el universo.

Intentando

A veces bien, a veces mal,

tratando de sonreír y ser capaz

de mantener mi mente centrada,

de abrirla y no dejarla cerrada.

No obstante, entre tanto encierro

admito que me divierto

rebuscando en las memorias,

recordando viejas historias.

No resulta ser tan desventajoso

reconocerse a uno mismo

en medio de lo turbio y del matojo.

Sorprendido estoy al aprender

que fui feliz, a pesar del enojo.

Cosa curiosa que es la alegría.

No se comprende durante el día,

sino después, en la noche,

cuando las horas se han acumulado,

cuando analizamos lo recordado.

Que la vida es balance, lo es,

aunque no lo logre acceder.

No se puede ser feliz

sin las bajadas, sin el desliz.

Tenue

Cálida caricia
la que siento sobre mi rostro.
Lucero de la tarde
que me recuerda a mi origen,
que me traslada a mi hogar.
Aunque tímido te comportes,
en esta tierra lejana,
yo conozco tus alcances.
Sé lo abusivo que puedes ser
y el daño que logras hacer.
Pero hoy te disfruto.
Aprecio tu delicadeza
y tu ternura
al darle vigor a lo biótico.
¡G R A C I A S!

Pedazo de paraíso

¡Oh! Pedazo de tierra rodeado por agua,

eres abatido constantemente por el furor de las olas,

olas que no descansan y que intentan desgastar tu apariencia.

¡Oh! Tierra divina, tu existencia es oprimida,

recibiendo latigazos sin justificación,

pero poco saben tus agresores,

que cada puñalada te hace más fuerte.

Cuanto más te intenten hundir,

ahí estarás saliendo a flote

porque naciste con el salvavidas puesto,

ese que es tu espíritu de lucha.

Mancha de plátano

la que tu pisada deja,

la que construye un mejor porvenir.

¡Oh! Pedazo de tierra flotante,

isla pequeña,

de tu paraíso no soy visitante.

Puerto de mi ricura

Perfección desastrosa
Catástrofe flotante
Paraíso contaminante
Tierra conquistada
Tierra colonizada
Tierra esclavizada
Caos huracanado,
a la vez
serenidad discreta.

Para viajar en tus aguas,
me convertiría en sirena.
Para escalar tus montañas,
dejaría crecer mis alas,
te tomaría de la mano
y no te soltaría jamás.

Pedazo de arte flotante
Patria mía
Patria querida
Patria nuestra
Más de ser ricura clandestina,
eres mar, tierra y vida.

Palmeras en el horizonte,

son bailarinas frente a las olas.

Ruiseñores y pitirres,

san pedritos y reinitas,

flamboyanes que pintan la vista,

imponentes ceibas que marcan el camino.

El calor mañanero

El frío solo navideño

Playas de salado aroma

Cielo fiel, color azul celeste

¡Querida mía, eres una diosa divina!

Casa

Estudiando el amanecer,

me convertí en filósofa.

Tonalidades de amarillo y de azul,

repentinas y oportunas,

hacen del horizonte una aventura.

Casi rosa, casi casi violeta,

de pronto, hay una luz

y todo queda al descubierto.

No queda oscuridad escondida,

la claridad prevalece.

Parece que todo lo malo se desvanece.

El ruiseñor anuncia su llegada;

el pitirre, su jornada.

Flamboyanes, palmas y hexápodos,

orquídeas, ramas y artrópodos,

seres sonrientes ante la brillantez.

Pigmentación aparente presente,

que se torna visible de repente.

Es el cielo la obra maestra.

Esperando la anhelada estampa,

mi descanso fue breve.

Frente a pupilas lejanas,

el amanecer se hizo más fuerte.

Ya el gran lucero

comenzaba a estallar

y con más entusiasmo

el planeta se vio girar.

El comienzo siempre trae

aire nuevo para olvidar.

Es mi verbo mañanero, filosofar.

Es mi acción favorita, despertar.

Creo en ella

No creo en el tiempo.

No creo en la religión.

No creo en las personas.

No le creo a la razón.

No creo lo que veo.

No creo lo que siento.

Más me confunde el viento,

cuando en la tormenta

se lleva el silencio.

No creo en el ayer,

mucho menos en el mañana.

El reloj no existe,

es una canallada.

No creo en las apariencias,

ni en lo que digas,

ni en lo que piensas.

Más me confunde tu aroma,

cuando a mí te acercas.

No creo en ilusiones.

No creo ni en las oraciones.

Hay verbos que hieren,

sujetos que traicionan,

algunos que matan.

No creo en las canciones,

sean originales o compradas.

No creo en las mentiras,

así se vistan de verdad.

No hay Dios que me bendiga,

ni Virgen que me proteja,

ni el mismísimo diablo toca mi puerta.

No creo en la mirada,

aunque sea silvestre,

de color marrón o verde.

No creo en lo que leo,

ni en las fantasías, comedias,

aventuras ni dramas.

El arte a veces nos engaña.

Y de tanto no creer,

tengo que reconocer,

que solo una mujer merece mi querer.

Eres tú madre.

¡Nadie más puede ser!

Quiero

Quiero que me prepares el desayuno,
luego de que me digas
que ya estoy grande
y debería preparármelo yo.

Quiero que me vayas a buscar a la universidad,
que me lleves a almorzar y junto a ti caminar.

Quiero verte hacer lo que te gusta,
cuidar el jardín y de la casa,
trabajar de sol a sol sin descansar.

Quiero que me digas que sí puedo,
que confías en mí,
que no tengo motivos para limitarme.

Quiero que me digas,
'Hija, cuentas con mi apoyo',
que me abraces fuerte
y me digas *Te quiero* al oído.

Quiero que escuches mis disculpas,
pues mis errores he cometido,
perdóname las veces que te lastimé,
perdóname las veces que no te valoré.

Quiero decirte, antes de que continúe mi vida,
que mujer como tú jamás encontraré,
madre como tú jamás reemplazaré.

Quiero abrazarte hasta más no poder,
disfrutar de tu compañía
sea en silencio o con el volumen en alto.

Quiero tenerte, apreciarte, admirarte, quererte
y amarte porque de todas mis costumbres,
quiero que seas la primera.

Quiero que me arropes en la noche
y escucharte cantar desafinada,
vestida de ternura tu mirada.

Quiero no tener que irme
para a tu lado quedarme,
pero me enseñaste a ser libre,
a correr y a caminar, a nadar y a volar.

¡Oh, madre, madre querida,
mujer radiante, mujer divina,
mujer que fortalece, mujer que no envejece!
Eres toda la bondad que hay en mí.

Contigo quiero siempre estar
y contigo siempre estaré,
aunque viaje muy lejos
y entre nosotras, millas interponga.

Fuiste tú quien me enseñó a volar,
pronunciar palabra alguna y hasta rezar.

Crea o no en lo mismo que tú,
bendecida estoy por fuerzas mayores
porque en mi vida siempre has de estar.

Mujer, la primera que conocí,
de quien todo lo aprendí,
la que noche y día se preocupa por mí.

Madre mía,
que te has dedicado a mi cuidado,
incluso cuando no me lo merecía,
cuando a desafiarte me atrevía.
Perdóname, te lo pido una vez más,
no sé cómo fui capaz.

Me impulsaste a lograr todos los verbos,
a no tener miedo ni tampoco a dudar.

Palabras no tengo

para solo decirte cuánto te quiero,

cuánto te valoro y cuánto te aprecio.

Quiero que sepas que toda mi vida te he amado,

que mis triunfos te los he dedicado,

que mis fracasos han sido por no haberte escuchado,

que muy pronto estaré a tu lado

y esta vez no me negaré a acompañarte al supermercado.

P.M.R.

Un día desperté tarde,

el reloj marcaba PM.

Me levanté, y fuera de mi costumbre,

no tenía hambre,

pero comí un bocado de mi patria.

Un té y a leer, y terminé un libro.

El mismo té, y terminé un segundo.

Día usual, nublado y gris en la ciudad norteña.

Silencio, que no era habitual.

Era una temporada especial,

una primavera que se asomaba,

pero a todos se nos fue privada.

Por vez primera en este extraño territorio,

me sentí feliz a pesar de lo sombrío.

Escuché el canto de los pájaros,

que pensé haber olvidado,

pero al abrir la pequeña ventana

lo bonito de la vida fui recordando.

Entendí que la felicidad y la plenitud

no dependen de mi alrededor,

no dependen del clima

ni de un mañanero resplandor.

Depende de mí, no de mi trabajo,

no de mi dinero.

Entendí que solo yo soy responsable

y que mi patria no es reemplazable.

Han sido noches largas de nostalgia y añoranza,

pero juro que lo hago por su bien

porque a ella voy a volver

más fuerte y segura que nunca.

¡Mi patria me volverá a tener!

Entendí que solo lo poco es necesario

para sentirme del todo extraordinario,

que mi poder está en la reflexión

y no en el conocimiento,

que la teoría es nada

sin un profundo pensamiento.

No soy estudiante,

no soy del pupitre un ocupante.

Soy aprendiz del universo,

que se compone de todo lo diverso.

Entendí que el amor es más fuerte,

que un abrazo, una salida y un rechazo.

Amar es llorar,

amar es distanciar,

amar es perdonar.

Es enfrentar lo desconocido

con seguridad sin sentirse hundido.

Es aprender a nadar en un mar vacío.

El amor es el centro, el punto del epicentro.

Está en el suelo, donde se vive en conjunto

sin apropiarse de lo suyo.

Entendí por qué me había estado despertando tarde.

Necesitaba encontrar una razón para estar,

una explicación a mi confusión

y en mis sueños hallé la motivación.

El impulso para haber tomado

esta radical decisión

es que soy aprendiz en busca de liberación,

es ser libre mi más noble aspiración.

Entendí que la libertad no es un lugar,

no es un ser, no es bienestar.

La libertad es una lucha sin cesar,

es miedo a enfrentar, pero con firmeza explorar.

La libertad es un estado mental,

es la aceptación de la bondad y la maldad.

La libertad no es comodidad,

libertad de pensamiento no es sencillo alcanzar.

Es comprender que la vida

es para vivirla y nada más.

Entendí que detrás de lo que me atormenta

siempre hay un sol,

y cuando cae la noche,

las estrellas me recordarán,

que el gris también es un color

que tiene derecho a brillar tanto como

rojo, azul, verde y morado,

amarillo, rosa, negro y blanco.

Dicen que luego de la tormenta

sale el arcoíris,

pero yo digo que en la tormenta

se ven todos los colores.

En la tormenta

me he reconciliado con mis temores,

he comprendido mis dolores,

he aprendido de mis errores

y he reconocido al amor de mis amores.

Aquel día entendí, que para ser libre,

tengo que volar

sea de día o sea de noche.

Y debo siempre recordar

que dentro de todas las que hay en el cielo,

a solo una le dedico mi sonar.

Nuevo comando

Hace un año, decidí dar el primer paso,
de pasearme por lo oscuro y lo lejano.
Nunca pensé que dentro de mí
guardara tantos silencios,
tantos deseos y anhelos.
Descubrí una nueva identidad
que siempre estuvo en mí.
Salía con frecuencia,
pero ignoraba su insistencia.
Aprendí a desaprenderme,
a conocer lo desconocido,
lugar donde todo es posible
hasta darse por vencido.
Pero esa puerta la dejé abierta
para recordar que solo yo
sé el camino.
Nadie más me puede llevar,
y así
fui dándome la oportunidad
de desenvolverme en un medio
que siempre tuve presente.
Me siento cómoda,
pero no lo suficiente
como para permanecer.

Este es el viaje astral de mi ser,

un camino sin fin,

pero que recorreré.

El pulso que me mueve

no necesita de la razón.

Papeleo

Me gusta el sonido del papel
cuando está doblado de tanto ser usado.

Me gusta sentir el cambio de textura,
de suave y sedoso,
a impredecible y arrugado.

Me gusta que pierda blancura,
que se torne amarillento
a fuerza de tinta y pensamiento.

Me gusta observar el paso de las letras
al virar la hoja,
el esfuerzo firme que nunca afloja.

Me gusta sin líneas ni márgenes
que intenten controlar
las emociones que florecen
y comienzan a cantar.

Me gusta la libertad que ofrece
en medio de la noche,
cuando me encuentro sola,
callada y sin roces.

Me gusta que me entienda,

que sostenga todo lo que venga,

más aún cuando hay descontrol.

Me gusta que no me juzga

ni me regaña,

solo espera con ansias

el cuento de mi próxima hazaña.

Y de todo lo que ha de gustarme,

le debo el encontrarme,

el tener lugar para refugiarme,

dónde derrumbarme

y volver a armarme.

Es un espacio donde hay cabida

para todo un lenguaje,

quizás para dos y hasta tres.

Me gusta que me guste,

aunque eso me asuste,

lo sigo haciendo

para evitar un disgusto.

El papel

una vez estuvo vivo

y con gusto, lo revivo.

Soy poeta, poeta soy

Descubrí que soy poeta, tras la magia de una libreta abierta.

Tanto insistió hasta que, por fin, decidí abrir la puerta.

Dejé que pasara y sentí un cúmulo de fuerzas

repasando dolores, visiones, detalles y arrepentimientos.

No suelo decirlo, pero a veces me ahogo en el sentimiento

de que soy poeta, y de las rimas me condeno.

Descubrí que soy poeta y de las letras no tengo freno.

Este es el número diez,

página en blanco otra vez.

Ayer eran seis, hoy son diez.

Muy pronto, uno más

para que todo cuadre de forma circular.

Entre figuras y números no deseo estar

ni quinta, ni sexta ni primera.

A mí, pásenme el bolígrafo,

yo las letras prefiero.

Confieso que a veces escribo lo que no quiero.

La tinta corre sola,

el bolígrafo es traicionero,

pesa más la tinta que la gota.

De las letras, esclava soy y hasta prisionera.

Me reconozco en las palabras,

rimando encontré mi arte.

A este don no puedo renunciarle,

por más lejos que me lleven mis metas,

de la poesía no podrán librarme.

Condenada a la escritura,

culpable soy, de eso no hay duda.

Descubrí que soy poeta,

lo repito de nuevo, por enésima vez,

que poeta soy y poeta seré.

Con las letras alcanzo a respirar,

espero que, de poeta, mi jornada nunca logre terminar.

Fuerza imparable

Hoy digo que no,

mañana puede que diga sí.

Conmigo no se sabe.

Puede que empiece como puede que acabe.

No te dejes llevar por lo que ves.

Escondo en mis cualidades, muchas verdades,

hechos pasados y hasta atrocidades.

No me limita una identidad,

tengo unas cuantas

y aseguro que van a ser más.

Soy el epítome de la transformación.

Busco el renacer, una nueva creación.

De todo lo que fui, ahora soy,

pero no por mucho tiempo

permaneceré donde estoy.

Por eso no me quedo,

por eso me voy

a encontrar nuevas formas de ser,

a subir, a caer, a invernar y a florecer.

El junte de todos los verbos, excepto vencer.

Te aconsejo que conmigo no sueñes,

pues cambiante soy.

No consentiré que de mí alguien se adueñe.

Con mis manos,

no habrá cosa que no conseguiré.

Puedes pensar que jamás regresaré,

pues si vuelvo a pisar este suelo,

ni yo misma me reconoceré,

y eso de malo nada tiene.

¿Por qué negar algo tan natural?

No le temo a la palabra 'fuiste'.

Y no, esto no es un despiste.

Es un llamado a la conciencia,

a la mente por su resistencia,

al espíritu por su insistencia.

Que se entienda y que quede escrito,

que soy y seré

todo lo que quiera ser

y no habrá fuerza que me logre detener.

Viendo

Todo cambia, pero todo sigue siendo lo mismo.

Lo que se transforma es el modo como lo vemos.

Los lentes cambian, pero la imagen es la misma.

Lo que se transforma es la visión.

Primavera y otoño, verano e invierno,

y así pasan los días y las noches.

Año Nuevo y Año Viejo y se repite el ciclo.

Oda a la noche

Tarde o temprano me haya acostado,
agradecida estoy por lo brindado.
A las montañas y al mar,
gracias por hacerme recordar,
que, aunque distante, no me he ido.
Y a mi gente, gracias por lo compartido.
Gracias a la vida
por hoy y por lo que soy.

Patricia Marie Cordero Irizarry, nació el 31 de agosto de 1997 en la ciudad señorial de Ponce, Puerto Rico, siendo la menor de dos hermanas. Sus padres son Francisco Javier Cordero Vargas y Lumarie Irizarry Cedeño y su hermana es Astrid Carolina Cordero Irizarry. Juntos, formaron un hogar en el Barrio Boca del municipio de Guayanilla, rodeado de fincas de plátano, guineo y mangó. Sus padres les inculcaron a ambas una cultura de apreciación por las artes, la naturaleza y el estudio. Cursó su escuela elemental entre la Caribbean School en Ponce, el Colegio del Santísimo Rosario en Yauco y en la Academia San Agustín y Espíritu Santo (ASAES) de Sabana Grande. A partir de la escuela elemental, Patricia comenzó a desarrollar un interés en la palabra, tanto escrita como oral. Le fascinaba sentarse a redactar cartas, cuentos, poemas y libretos para sus cursos. No le temía al discurso público. De hecho, ganó el tercer lugar en una competencia de oratorio y primer lugar en un *Spelling Bee*. Lo que en aquel momento eran pequeños logros, más adelante se convertirían en los pilares de su formación como escritora.

Patricia comienza su carrera académica en las ciencias agrícolas en el Recinto Universitario de Mayagüez (RUM). Durante su bachillerato, se involucró en diversas organizaciones estudiantiles donde se destacó principalmente en la Asociación de Estudiantes

197

de Protección de Cultivos como vicepresidenta y presidenta y en la Feria Agrícola 5 Días con Nuestra Tierra como líder del proyecto Adopta Tu Planta de la Carpa de Horticultura. También, se involucró en organizaciones científicas, principalmente en *Encouraging Careers in Food Security and Safety* (ECaFFS) dirigida por la Dra. Lydia Rivera. Junto a ella, Patricia realizó una investigación subgraduada titulada *Molecular detection of phytoplasms associated to Cocount Lethal Yellowing in Puerto Rican palm trees.* Tuvo la oportunidad de participar en reuniones científicas, seminarios, paneles e internados. El primero fue con el *United States Department of Agriculture* (USDA), *Agriculture Research Service* (ARS) *Tropical Agriculture Research Station* en Mayagüez. Allí trabajó junto al Dr. Timothy Porch en el Programa de Fitomejoramiento de Habichuela. Más adelante, se incorporó formalmente como empleada de la estación. Su segundo internado fue con el USDA ARS *Beltsville Agriculture Research Center* en Beltsville, Maryland junto al Dr. Fernando Vega en el *Sustainable Perennial Crops Laboratory.* Además de científica, también fue empleada agrícola temporera en la Finca Agro de Reyes junto al Agro. Cesar Reyes. En junio del 2019, Patricia obtiene su bachillerato del RUM de la Facultad de Ciencias Agrícolas en el programa de Protección de Cultivos, con una concentración menor en Ética Práctica y Profesional graduándose *Magna Cum Laude.*

Deseosa de aprender más, Patricia decide continuar estudios graduados en la Universidad Estatal de Ohio, en el programa de Recursos Naturales y Ambientales con un enfoque en las Ciencias del Suelo. Dado a su interés en las comunicaciones agrícolas y en resaltar la labor de las mujeres en la agricultura, ella se une como colaboradora y escritora *free-lance* en la iniciativa *Women In Ag Science* (WAGS). Hoy día, Patricia está llevando a cabo su proyecto de investigación de maestría titulado *Organic carbon as a soil quality indicator in Puerto Rican avocado orchards* bajo la mentoría del Dr. Rattan Lal. Además, está dando sus primeros pasos para lanzar su primera publicación, Estacionándome, un compendio de poemas que surgió a raíz de su partida hacia los Estados Unidos.

Made in the USA
Columbia, SC
08 January 2022

53105742R00109